EinFach
Deutsch
Unterrichtsmodell

Joseph von Eichendorff

Das Marmorbild

Erarbeitet von
Sonja Thielecke

Herausgegeben von
Johannes Diekhans

Baustein 4: Literarische Gestaltung (S. 80–101 im Modell)

4.1	Romantische Themen und Motive	ganzer Text S. 5–9, Z. 33 Erzähleingang Text: „Aus dem Leben eines Taugenichts" (Erzähleingang)	Unterrichtsgespräch, Gruppenarbeit, Tafelbild, Schreibauftrag Arbeitsblätter 22 und 23a/b
4.2	Aufbau und sprachliche Gestaltung	Text: G. Freytag: Die Technik des Dramas (Auszug) ganzer Text ausgewählte Textstellen (Anhang der Textausgabe, S. 91 ff.)	Tafelbild, Gruppenarbeit, Unterrichtsgespräch, Partnerarbeit, Schreibauftrag Arbeitsblätter 24 und 25
4.3	Gattungsbestimmung: Märchen oder Novelle?	Anhang der Textausgabe, S. 67 ganzer Text Anhang der Textausgabe, S. 81–86	Unterrichtsgespräch, arbeitsteilige Einzelarbeit oder Karussell-Methode, Tafelbild, Diskussion

Baustein 5: Reflexion der romantischen Idee (S. 102–112 im Modell)

5.1	Kritischer Rückblick auf die Erzählung „Das Marmorbild"	ganzer Text Anhang der Textausgabe (S. 87–90)	Unterrichtsgespräch, Tafelbild, Schreibauftrag, Einzelarbeit Arbeitsblatt 26
5.2	Bewertung der Epoche	ganzer Text Text: Heine Text: Goethe Text: Fuhr	Unterrichtsgespräch, arbeitsteilige Partnerarbeit, Tafelbild Arbeitsblätter 27 bis 30 Zusatzmaterial 4

Das Marmorbild

Baustein 1: Überblick über die Epoche der Romantik (S. 16–39 im Modell)

1.1	Thematische Hinführung	„romantisch"	Assoziationsverkettung oder Blitzlicht Tafel
1.2	Die romanische Idee	Anhang der Textausgabe, S. 54–58 Eichendorff: Frische Fahrt, Lockung, Zwielicht Anhang der Textausgabe, S. 59–64	Arbeitsteilige Einzelarbeit, Partnerarbeit, Tafelbild, Fantasiereise, Schreibauftrag, Gruppenarbeit, Schülervortrag, kreative und analytische Schreibaufträge Arbeitsblätter 1 bis 9 Zusatzmaterial 1 und 2

Baustein 2: Erste Leseeindrücke (S. 40–48 im Modell)

2.1	Titelassoziationen in Form eines „Blitzlichtes" und anschließende Strukturierung der Hauptthemen	ganzer Text	Tafelbild (Cluster), kreativer Schreibauftrag, Wandplakat Arbeitsblätter 10 bis 11
2.2	Bild- und/oder Zitatencollage zu thematischen Schwerpunkten	ganzer Text	Collagen, Museumsgang, Protokoll Zusatzmaterial
2.3	Bildimpuls	ganzer Text	Bildbeschreibung und -deutung Arbeitsblätter 12a und 12b

Baustein 3: Die Personen (S. 49–78 im Modell)

3.1	Die Einführung der Personen in die Handlung	ganzer Text ausgewählte Textstellen	Musikbeispiel, Standbilder, Schreibauftrag Arbeitsblatt 13
3.2	Florio und seine Entwicklung	ganzer Text; S. 16, Z. 4–12 Anhang der Textausgabe, S. 77 f. Ausgewählte Textstellen Anhang der Textausgabe, S. 89 f. S. 7, S. 8 f., S. 28 f., S. 34 f., S. 43, S. 49 Schüleraufsatz Textausgabe, S. 91 ff.	Zitatenanalyse, Einzelarbeit oder Expertenvortrag, Tafelbild, Gruppenarbeit, Schreibaufträge, Gruppen- oder Partnerarbeit, Tafelbild Arbeitsblätter 14 bis 18
3.3	Der Dualismus der Figuren	ganzer Text ausgewählte Textstellen Anhang der Textausgabe, S. 68–74 ganzer Text S. 46 f.; S. 44–46 Anhang der Textausgabe, S. 75 f.	Partner- oder Einzelarbeit, Unterrichtsgespräch oder Gruppenarbeit, Partnerarbeit, Expertenvortrag, Tafelbild, Schreibauftrag Arbeitsblätter 19 bis 21

Bildnachweis:

|action press - die bildstelle, Hamburg: BE&W AGENCJA 76, 77. |akg-images GmbH, Berlin: 28, 29, 113. |alamy images, Abingdon/Oxfordshire: World History Archive 78, 79. |Art Explosion, Calabasas, CA: 46, 53, 88, 90. |bpk-Bildagentur, Berlin: 76, 77; Bayerische Staatsgemäldesammlungen 78, 79. |Bridgeman Images, Berlin: 9. |Cinetext Bild & Textarchiv GmbH, Wetzlar: Concorde 48. |Cornelsen Verlag GmbH, Berlin: Ingo Scheller: Szenisches Spiel. Handbuch für die pädagogische Praxis Cornelsen Verlag Scriptor, Berlin 2007, 5. Auflage 72. |F1online, Frankfurt/M.: Maskot 47. |Thielecke, Sonja, Montabaur: 115.

Wir arbeiten sehr sorgfältig daran, für alle verwendeten Abbildungen die Rechteinhaberinnen und Rechteinhaber zu ermitteln. Sollte uns dies im Einzelfall nicht vollständig gelungen sein, werden berechtigte Ansprüche selbstverständlich im Rahmen der üblichen Vereinbarungen abgegolten.

westermann GRUPPE

Druck A³ / Jahr 2020
Alle Drucke der Serie A sind im Unterricht parallel verwendbar.

Umschlaggestaltung: Jennifer Kirchhof
Druck und Bindung: Westermann Druck GmbH, Braunschweig

ISBN 978-3-14-**022464**-2

Vorwort

Der vorliegende Band ist Teil einer Reihe, die Lehrerinnen und Lehrern erprobte und an den Bedürfnissen der Schulpraxis orientierte Unterrichtsmodelle zu ausgewählten Ganzschriften und weiteren relevanten Themen des Faches Deutsch bietet.

Im Mittelpunkt der Modelle stehen Bausteine, die jeweils thematische Schwerpunkte mit entsprechenden Untergliederungen beinhalten.

In übersichtlich gestalteter Form erhält der Benutzer/die Benutzerin zunächst einen Überblick zu den im Modell ausführlich behandelten Bausteinen.

Es folgen:

- Hinweise zu den Handlungsträgern

- Zusammenfassung des Inhalts und der Handlungsstruktur

- Vorüberlegungen zum Einsatz der Novelle im Unterricht

- Hinweise zur Konzeption des Modells

- ausführliche Darstellung der einzelnen Bausteine

- Zusatzmaterialien

Ein besonderes Merkmal der Unterrichtsmodelle ist die Praxisorientierung. Enthalten sind kopierfähige Arbeitsblätter, Vorschläge für Klassen- und Kursarbeiten, Tafelbilder, konkrete Arbeitsaufträge, Projektvorschläge. Handlungsorientierte Methoden sind in gleicher Weise berücksichtigt wie eher traditionelle Verfahren der Texterschließung und -bearbeitung.

Das Bausteinprinzip ermöglicht es dabei den Benutzern, Unterrichtsreihen in unterschiedlicher Weise und mit unterschiedlichen thematischen Akzentuierungen zu konzipieren. Auf diese Weise erleichtern die Modelle die Unterrichtsvorbereitung und tragen zu einer Entlastung der Benutzer bei.

Das vorliegende Modell bezieht sich auf folgende Textausgabe: Joseph von Eichendorff: Das Marmorbild. Paderborn, Schöningh 2009. Best.-Nr. 022463-5

 Arbeitsfrage

 Einzelarbeit

 Partnerarbeit

 Gruppenarbeit

 Unterrichtsgespräch

 Schreibauftrag

 szenisches Spiel, Rollenspiel

 Mal- und Zeichenauftrag

 Bastelauftrag

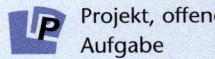 Projekt, offene Aufgabe

Inhaltsverzeichnis

Das Marmorbild

John Collier: Tannhäuser im Venusberg, 1901

Joseph von Eichendorff: Frau Venus

Was weckst du, Frühling, mich von Neuem wieder?
Dass all' die alten Wünsche auferstehen,
Geht über's Land ein wunderbares Wehen;
Das schauert mir so lieblich durch die Glieder.

Die schöne Mutter grüßen tausend Lieder,
Die, wieder jung, im Brautkranz süß zu sehen.
Der Wald will sprechen, rauschend Ströme gehen,
Najaden tauchen singend auf und nieder.

Die Rose seh' ich gehn aus grüner Klause
Und, wie so buhlerisch die Lüfte fächeln,
Errötend in die laue Luft sich dehnen.

So mich auch ruft ihr aus dem stillen Hause –
Und schmerzlich nun muss ich im Frühling lächeln,
Versinkend zwischen Duft und Klang vor Sehnen.

Gedicht aus „Das Marmorbild"

Die Hauptpersonen

Christentum und Antike:

Eichendorff präsentiert dem Leser wie so viele andere romantische Autoren ein idealisiertes Bild des Mittelalters. Dazu zählt bei ihm auch der hohe Stellenwert der christlichen Religion. Eine zentrale Rolle bei der Konstruktion der Figuren spielt der Gegensatz von Antike und Christentum. Donati und vor allem Venus sind die Vertreter der (heidnischen) Antike, die zum Untergang verurteilt ist. Sie gehören einer beschränkten, überkommenen Lebensform an (Statue, Ruine), die durch das Christentum überwunden wird. So beklagt die Venus in ihren Liedern ihre Fremdbestimmung (Abhängigkeit von den Jahreszeiten) und auch Donati erscheint immer wieder von seinem zwanghaften Handeln (Weingenuss, Jagd) beherrscht. Florio, Bianka und Fortunato stehen für das Christentum. Insbesondere in den Liedern Fortunatos und am Ende der Erzählung wird die Kraft des Christentums als Erlösungsreligion deutlich.

Florio:

(lt. *florere* blühen) verkörpert den jungen, „blühenden" Edelmann, der offenbar aus wohlhabenden Verhältnissen stammt. Bereits in seiner Kindheit scheint sich seine träumerische und melancholische Gemütsverfassung ausgeprägt zu haben. Dadurch ist er besonders empfänglich für Träume, die in der Novelle immer wieder eine Rolle spielen. Insgesamt vermittelt er einen kindlich-naiven Eindruck. Als seine Hauptaufgabe sieht er das Reisen an, was er dem Sänger Fortunato bei seiner Ankunft in Lucca auch gleich mitteilt. Er ist auf der Suche nach Abenteuer und Freiheit. Fortunato hingegen vermutet gar poetische Fähigkeiten in diesem Knaben. In Lucca verliebt Florio sich in ein schönes Mädchen, das er an seinem ersten Tag auf einem Fest trifft. Dieses erste Gefühl stilisiert er unbewusst zu dem alles übersteigenden Erleben und projiziert seine Empfindungen und erotischen Fantasien auf die perfekte Frau: Venus. Dabei gerät er zunehmend in den Bann und Zauber dieser geheimnisvollen Frau und isoliert sich dadurch immer mehr von der Außenwelt. Interessanterweise finden auch all seine Begegnungen mit der Schönen an abgeschiedenen Orten statt. Im Moment der größten Bedrohung, im Venusschloss, gelingt es Florio durch seine innere Stärke, das Vertrauen in Gott und die Hilfe Fortunatos, sich von dem dämonischen Bann loszureißen. Dadurch wird die Erkenntnis der wahren Liebe zu Bianka, von der er sich mehr und mehr distanziert hatte, möglich. Letztlich geht Florio gestärkt und gereift aus der Verirrung mit der Venus hervor.

Bianka und Venus:

(italienisch *bianco* weiß, hier im Sinne von keusch/unschuldig; Venus = römische Göttin, die im Gegensatz zur griechischen Göttin Aphrodite neben der Liebe und Sexualität auch für den gesamten Bereich der Vegetation verantwortlich ist) verkörpern zwei gegensätzliche Frauentypen. Einerseits gehören sie unterschiedlichen Realitätsebenen an. Während Venus als Zeichen des Vergangenen Florio immer im Dämmerzustand (im Traum, nachts, abends, in der Einsamkeit) begegnet, trifft er auf Bianka am Tage oder in der Anwesenheit anderer. Auch ihr Charakter ist völlig anders. Venus ist durch ihre Widersprüchlichkeit gekennzeichnet: Sie ist wunderschön und wirkt auf den Betrachter als die perfekte Frau, verkörpert aber auch zerstörerische Kräfte (steinerne Augenhöhlen, regungsloses Gesicht). Sie scheint gleichermaßen dem Leben und dem Tod anzugehören. Bianka ist die Anmut in Person und stellt durch ihr Erröten beim Anblick Florios das Gegenbild zur immer kontrollierten Venus dar. Die Farbe Weiß steht bei Bianka für die Unschuld, bei Venus für Erstarrung, das Frühlingshafte symbolisiert das Jugendliche Biankas (Blumenkranz) und das Erblühen und Vergehen der Venus. Während Florio der Venus immer wieder begegnet, gibt es drei einschneidende Erlebnisse mit Bianka: Am Anfang der Novelle begegnet er ihr auf einem Fest. Diese Begegnung findet ihren vorläufigen Höhe- und Schlusspunkt durch einen spontanen Kuss auf ihre roten Lippen. In der Mitte der Novelle sehen sich die beiden auf einem Maskenball. An diesem Punkt hat sich Florio aber bereits so verändert, dass er nicht mehr zu unterscheiden weiß, wen er vor sich hat: Bianka oder Venus. Am Ende der Novelle erkennt Florio seine wahre Liebe, obwohl Bianka wie ein Knabe gekleidet ist. Florio blickt hinter die Fassade und erinnert sich an seine tiefe Zuneigung in der ersten Begegnung. Dadurch hat er die Verführung und Verzauberung durch die Venus endgültig überwunden. Insbesondere in der gegensätzlichen Konzeption dieser Frauenfiguren zeigt sich Eichendorffs Intention, das Christentum der heidnischen Antike gegenüberzustellen. Während Venus das Bild der verführerischen Sexualität prägt, steht Bianka für die Jungfrau Maria. In deren Nähe wird sie insbesondere am Ende der Erzählung gerückt, als sie „wie ein heiteres Engelsbild auf dem tiefblauen Grunde des Morgenhimmels" (S. 49, Z. 13 f.) auftritt.

Fortunato und Donati:
(ital. *fortunato* glücklich/lt. *fortuna* das Glück; Donati = wahrscheinlich findet sich hier ein Bezug auf Bischof Donatus (4. Jh.), der mit seiner Lehre eine Kirchenspaltung (Schisma) bewirkte und als Irrlehrer galt) vertreten ebenfalls zwei unterschiedliche Welten. Donati kann als Diener bzw. Gesandter der Venus zugeordnet werden. Bereits bei seinem ersten Erscheinen wirkt er auffallend dämonisch. Sein Auftritt löst bei den anderen Menschen der Festgesellschaft eine ängstliche Stimmung aus, da sein Wesen gespalten scheint: Einerseits ist er aufbrausend, ruhelos und zornig, andererseits wirkt er vornehm und galant. Sein ausgeprägter Hang zum Wein und seine Liebe zur Jagd lassen darauf schließen, dass er wie seine Herrin der antik-heidnischen Welt zugehört. Im Gegensatz dazu verkörpert Fortunato, der sich bereits durch seinen Charakter und sein Äußeres von Donati unterscheidet, den lebenslustigen Sänger. Seine Stärke erlangt er durch sein Gottvertrauen, durch das er als „Bote des Friedens" auftreten kann. Er ist derjenige, der Florio auf den Boden der Tatsachen zurückholt und ihm stärkend zur Seite steht. Allerdings gibt er dem Jungen nur Impulse, da dieser aus sich heraus die Kraft und Zuversicht schöpfen muss, um sich aus den Fängen der Venus befreien zu können. Dabei ist er gleichzeitig das Sprachrohr Eichendorffs, da er das Geschehen durch seine Lieder zu deuten vermag.

Am Rande des Geschehens treten noch folgende Personen auf:
Pietro, der Onkel Biankas
Festgesellschaften
Gärtner

Inhalt der Novelle

Florio, ein junger Edelmann, hat seine Heimat verlassen und reitet an einem Sommerabend auf die norditalienische Stadt Lucca zu. Er sucht seine Freiheit und entflieht der Enge des ländlichen Raums. Vor den Toren der Stadt trifft er auf den redlichen Sänger Fortunato, mit dem er eine Unterhaltung beginnt.

Gemeinsam gelangen sie zu einem rauschenden Fest, wo sie sich zunächst aus den Augen verlieren. Florio trifft auf die Federball spielende Bianka, ein junges, schönes Mädchen, und ist von ihr fasziniert. Sie trägt einen Frühlingskranz im Haar. Von den Umstehenden erfährt er auch, wer ihn auf seinem Weg begleitet hat. Erneut trifft Florio auf Bianka und nähert sich ihr, berauscht durch die festliche Stimmung, die Lieder und den Wein; schließlich küsst er sie. Die festliche Stimmung wird empfindlich durch das Eintreffen eines Fremden, Donati, gestört, der diabolische Züge aufweist und auch sonst alle anderen durch seine Anwesenheit erschaudern lässt. Als die Festgesellschaft schließlich nach Lucca zurückkehrt, sieht sich Florio allein mit seinen neuen Bekannten Fortunato und Donati. Sie begleiten ihn zur Herberge. Durch die vielen Eindrücke in erregter Stimmung, verlässt Florio nach einem kurzen, aufregenden Sirenentraum mit einer Gitarre das Haus. Es zieht ihn in die nächtliche Natur. Umgeben von Weinreben und in Betrachtung des Flusses singt er. Im Anschluss daran wandert er weiter und trifft zum ersten Mal im Mondenschein auf ein Marmorbild, das ihm lebendig scheint. Von diesem Anblick ist er fortan fasziniert und geängstigt zugleich. Verstört verlässt er den Ort und eilt zu seiner Herberge.

Am nächsten Morgen trifft er erneut Fortunato, der seine Verliebtheit bemerkt und auch von seinem nächtlichen Spaziergang weiß. Er warnt Florio vor zu viel Melancholie und rät ihm vielmehr zur Natürlichkeit. Florio verschweigt ihm den Zauber des Marmorbildes und dessen nachhaltigen Eindruck. Nachdem Fortunato ausgeritten ist, versucht Florio an den nächtlichen Ort zurückzukehren. Er findet ihn jedoch nicht. Stattdessen gelangt er zu einem prächtigen Lustgarten, in dem er die schöne Frau aus seiner nächtlichen Begegnung zu entdecken glaubt. Er trifft auf den schlafenden Donati, der im Schlaf einem Toten ähnelt. Nachdem er ihn geweckt und sein eigenes Erscheinen erläutert hat, traut er sich, ihm die Bitte anzutragen, am nächsten Tag ein Treffen mit der Schönen zu arrangieren, denn Donati erklärt seine Verwandtschaft mit ihr.

In der Nacht kommt Florio wieder bei seiner Herberge an. Am nächsten Tag erfährt er von Donati, dass er die schöne Frau nicht treffen kann, weil Sonntag ist. Als Ersatz bietet Donati ihm an, mit auf die Jagd zu kommen. Dies lehnt Florio jedoch ab. Donati wird vom Ruf der Glocken vertrieben und Fortunato gesellt sich „wie ein Bote des Friedens" zu Florio. Mit sich führt er eine Einladung für einen Maskenball am nächsten Abend. Geladen hat der Landmann Pietro, der zugleich Biankas Onkel ist. Florio vertreibt sich bis dahin voller Unruhe mit der erfolglosen Suche nach der Unbekannten die Zeit.

Gemeinsam mit Fortunato trifft er am nächsten Abend auf dem Fest ein. Florio ist beeindruckt von der als Griechin verkleideten Bianka, die er nicht erkennt. Sie überreicht ihm eine Rose, er tanzt mit ihr, sie flüstert ihm zu „Du kennst mich", aber er erkennt sie nicht. Ein Doppelbild einer zweiten als Griechin verkleideten Frau trägt seine Sinne. Als die Gäste den Tanzsaal verlassen, um sich im Garten zu erfrischen, verirrt sich Florio gedankenverloren in den Bogengängen. Dabei trifft er auf die (zweite) Griechin, in der er die Schöne zu sehen glaubt. Wenig später beginnt diese eine Unterhaltung mit ihm und lüftet durch das Wegziehen ihres Schleiers endgültig das Geheimnis ihrer Identität. Sie lädt Florio in ihren Palast ein und verlässt mit ihrer Dienerschaft das Fest. Florio bleibt träumend zurück und wird erst durch das Auftreten Fortunatos wieder in die Realität zurückgeholt. Gemeinsam gehen sie zu den letzten Gästen. Dort trifft er auf Bianka – erst hier erfährt er ihren Namen. Obwohl das Mädchen versucht, den Kontakt zu ihm herzustellen, wirkt er während ihrer Unterhaltung wie abwesend und verlässt schließlich das Fest. Bianka bleibt verwirrt und enttäuscht zurück. Den Blumenkranz in ihren Haaren zerpflückt sie, weil sie nicht mehr auf die Liebe zu Florio hoffen mag.

Mehrere Tage vergehen und Florio sieht seine Gelegenheit gekommen. Nach einem Tag voller Müßiggang auf dem Landhaus Donatis reitet er mit ihm zum Palast der schönen Frau, die gerade von der Jagd zurückgekommen ist. Florio ist von der Schönen wie geblendet. Die exotischen, wertvollen Einrichtungsgegenstände sowie die Anwesenheit der Venus lassen ihn wie trunken werden. Erst ein Lied, das von draußen hereindringt, erinnert ihn an seine Kindheit und lässt ihn schrittweise der Wirklichkeit wieder gewahr werden. Er betrachtet den Raum genauer und erkennt nun unter dem Eindruck des Liedes auf allen Gemälden die Schöne wieder. Florio erinnert sich an seine Kindheit, in der er ebenfalls eine solche Dame gesehen hat, und erzählt seiner Angebeteten davon. Diese versucht ihn zu beschwichtigen. Florio tritt, beeindruckt von dem Lied, ans Fenster und fühlt sich plötzlich durch die Erinnerung an seine Kindheit wie ein Fremder in dieser Welt. „Herrgott, lass mich nicht verloren gehen in der Welt!" – so lautet seine Bitte, die er aus tiefster Seele äußert. Kaum ausgesprochen, ändert sich schlagartig die Stimmung: Die Schöne wird verschlossener und scheint wieder zu dem Marmorbild zu erstarren, ein Unwetter beginnt zu toben. Die Eindrücke verschrecken Florio dermaßen, dass er aus Versehen eine Statue umstößt und damit einen Dominoeffekt auslöst. In Panik flüchtend hinterlässt er ein Bild der Zerstörung. Auf seiner Flucht durch den Schlossgarten erblickt er Fortunato in einem Kahn, hält sein Erscheinen allerdings für eine optische Täuschung. Donati, den er in dessen Landhaus zur Rede stellen will, trifft er nicht mehr an. Das Haus scheint verschwunden. Die Ereignisse haben in Florio eine Todessehnsucht ausgelöst und er verbringt dem Wahnsinn nahe den nächsten Tag und die darauffolgende Nacht in seiner Herberge.

Am nächsten Morgen verlässt er auf eindringliches Anraten seines Dieners Lucca. Auf dem Weg aus der Stadt trifft er auf Pietro, Fortunato und einen Knaben (= Bianka). Pietro erklärt die Umgebung und so wird Florio auch über die Geschichte der Ruine, einstmals ein heidnischer Tempel, aufgeklärt. Mit dem Sonnenaufgang erkennt Florio seine Freiheit, die er in einem Lied zum Ausdruck bringt. Erst danach ist er in der Lage, in dem Knaben Bianka zu erkennen und ihr seine Liebe und ewige Treue zu geloben. Fröhlich ziehen beide ihres Weges.

Vorüberlegungen zum Einsatz der Novelle im Unterricht

Traditionellerweise greift der versierte Deutschlehrer zu Eichendorffs „Aus dem Leben eines Taugenichts", wenn den Schülerinnen und Schülern die Epoche der Romantik mithilfe einer Ganzschrift Eichendorffs vermittelt werden soll. Durch diese Entscheidung geht häufig der Blick für die etwas früher entstandene Erzählung „Das Marmorbild" verloren. Dies ist sehr schade, bietet diese Erzählung doch gerade sowohl in Bezug auf den überschaubaren, sehr knappen Textumfang als auch im Hinblick auf inhaltliche Schwerpunktsetzungen viele Möglichkeiten für den Einsatz im Deutschunterricht.

Interessant für die Schülerinnen und Schüler dürfte die Entwicklung der Hauptperson Florio sein. Den Prozess der Selbstfindung gestaltet Eichendorff überraschend schnell, dauert doch die eigentliche Pubertät wesentlich länger. Dennoch stellt die Figur ein Identifikationsangebot dar, weil Florio sich nur allzu gerne „verführen" lässt. Des Weiteren integriert der Autor in diesen Prozess den Anfang einer Liebesbeziehung.

Das Element des Fantastischen fasziniert immer wieder. Realität und Fiktion fügt Eichendorff übergangslos ineinander, sodass für den Leser die gewohnte Welt infrage gestellt wird. Gerade in einer so schnelllebigen Zeit wie der unsrigen, in der mit diesen Elementen von der Werbe-, Film- bis hin zur Musikindustrie gespielt wird, kann es nicht schaden, auf die Gefahr der Verschmelzung beider Welten aufmerksam zu machen. Der Blick sollte dadurch geschärft werden und die Schülerinnen und Schüler sollten kritischer gegenüber fantastischen Konstrukten gemacht werden.

Darüber hinaus eignet sich die Erzählung gut als repräsentatives Werk der Romantik, da sich hier zahlreiche epochentypische Merkmale finden. Insbesondere durch die inhaltliche sowie sprachliche Dichte lassen sich viele verschiedene Arbeitsformen erproben. **Referate** können entweder als Einstieg in eine Thematik oder vertiefend zu den Bausteinen angeboten werden.

Als **Klausuren** sind zahlreiche Arbeitsaufträge aus den verschiedenen Bausteinen des Unterrichtsmodells denkbar. Dies bezieht sich auch auf die als Alternativen vorgeschlagenen kreativen bzw. produktionsorientierten Schreibaufträge.

Vorschläge für Referate

- Der Autor Joseph von Eichendorff (allgemeine Ergänzung; erste Hinweise finden sich im Anhang der Textausgabe, S. 50–53)
- Die Entstehung der Novelle (allgemeine Ergänzung; erste Hinweise finden sich im Anhang der Textausgabe, S. 65–67)
- Exkurs: Der Maler C.D. Friedrich und ausgewählte Werke (Ergänzung zu Baustein 1)
- Exkurs: Die Umsetzung der romantischen Idee in musikalischen Werken (Ergänzung zu Baustein 1)
- Die Verarbeitung des Venusmotivs in anderen literarischen Werken (Ergänzung zu Baustein 3.1/3.3; erste Hinweise finden sich im Anhang der Textausgabe, S. 68–74)
- Die Rezeption der Novelle (Ergänzung nach Abschluss von Baustein 4; erste Hinweise finden sich im Anhang der Textausgabe, S. 87–90)
- Exkurs: Darstellung antiker (Venus-)Statuen in der Kunst (Ergänzung nach Abschluss von Baustein 4)
- Exkurs: Literatur der Moderne – Kafka (Ergänzung nach Baustein 4; gerade weil bei Kafka auch Realität und Wirklichkeit miteinander verschwimmen, bietet sich ein Vergleich mit einem kürzeren Text in Bezug auf die Thematik „Das Verhältnis des Einzelnen zur Realität/Fiktion" an)

Vorschläge für Klausuren sind unter **Zusatzmaterial 5** (S. 120ff.) zu finden.

Die Konzeption des Unterrichtsmodells

Das vorliegende Modell baut darauf auf, dass die Erzählung vor der eigentlichen Behandlung im Unterricht einmal vollständig von den Schülerinnen und Schülern genau gelesen wurde (Ausnahme s. Baustein 2, Variante 1).

Baustein 1 bietet vorgeschaltet einen Überblick über die Epoche der Romantik. Um den Schülerinnen und Schülern erste Hintergrundinformationen zu liefern, sollte dieses Themenfeld vor der Besprechung des „Marmorbildes" behandelt werden. Selbstverständlich kann der Baustein auch nach Abschluss der Besprechung der Erzählung aufgegriffen werden. Thematisch wird den Schülerinnen und Schülern schrittweise ein erster Überblick über die Epoche und damit die romantische Idee geboten. Zunächst findet eine allgemeine Hinführung zum Begriff „romantisch" statt (1.1). Darauf aufbauend erfolgt die Auseinandersetzung mit dem Kunstprogramm der Romantiker (1.2): Erst werden den Schülerinnen und Schülern allgemeine Informationen über die Epoche vermittelt, sodass weiterführend exemplarische Gedichte analysiert und die Umsetzung der romantischen Idee in denselben besprochen werden kann. Je nach Stand der Lerngruppe können hier zwei verschiedene Zugriffe gewählt werden: Entweder es werden erst die Gedichte analysiert und vertiefend wird ein globaler Zugriff mithilfe von Gedichten und Gemälden (vgl. Anhang der Textausgabe) angeboten oder es kann – sollte die Lerngruppe bereits ein vertieftes Vorwissen haben – direkt der allgemeine Teil behandelt werden.

Baustein 2 ermöglicht erste Zugänge zur Erzählung „Das Marmorbild". Dabei können je nach Lerngruppe verschiedene Varianten als Zugriffsmöglichkeiten ausgewählt werden (Titelassoziation, Kartenabfrage, Bild- oder Zitatencollage, Bildimpuls). Durch diese große Bandbreite können verschiedene Lerntypen aktiviert und der zeitliche Abstand zur Erzählung kann überwunden werden. In diesem Baustein ist bereits die spätere Reflexion der Erzählung angedacht (vgl. Arbeitsblatt 11).

Baustein 3 rückt die Personen der Erzählung ins Zentrum. Dabei geht es zunächst allgemein um die Analyse der Einführung der Personen in die Handlung (3.1), durch die Eichendorff bereits eine bestimmte Stimmung transportiert. In einem nächsten Schritt werden zwei miteinander verwobene Aspekte im Rahmen von Florios Entwicklung intensiver beleuchtet: seine Wandlung im Verlauf der Novelle und seine Zuneigung zu Bianka (3.2). Im Anschluss daran soll die Gegensätzlichkeit der Figuren (Venus – Bianka, Donati – Fortunato) sowohl auf der Figuren- als auch auf der Symbolebene näher untersucht werden, da sie prägend für den Verlauf des Geschehens ist (3.3).

Baustein 4 thematisiert die literarische Gestaltung. In diesem Zusammenhang werden sowohl die romantischen Themen und Motive (4.1) als auch der Aufbau und die Sprache (4.2) näher untersucht. Gesonderte Aufmerksamkeit erfahren insbesondere die dramenähnliche Struktur, die Lieder als mit der Handlung verwobenes Element und die kunstvolle Sprachgestaltung. Da Eichendorff in Bezug auf die Gattung selbst unsicher war, wird die Frage nach der Gattungsbestimmung (Märchen oder Novelle?) am Ende des 4. Bausteins (4.3) aufgegriffen.

Baustein 5 reflektiert die romantische Idee und bildet somit den thematischen Rahmen zu Baustein 1. Neben der Bewertung der Erzählung (5.1) findet auch die Auseinandersetzung mit dem Urteil Heines und Goethes sowie einer zeitgenössische Kritik der Epoche statt (5.2). Dadurch sollen sich die Schülerinnen und Schüler abschließend ein eigenes Urteil bilden können.

Die thematischen Bausteine des Unterrichtsmodells

Überblick über die Epoche der Romantik

Dieser Baustein kann sowohl als Hinführung zum „Marmorbild" als auch zur Vertiefung im Anschluss an die Erzählung genutzt werden. Grundsätzlich ist er so gestaltet, dass man ihn vorschaltet, sodass die Schülerinnen und Schüler sich der Epoche der Romantik ausführlicher nähern können.

Neben der Beschäftigung mit dem Adjektiv „romantisch" steht insbesondere die Auseinandersetzung mit dem romantischen Ideengut und dessen Umsetzung im Mittelpunkt dieses Bausteins.

1.1 Thematische Hinführung

In einem ersten Schritt sollen die Schülerinnen und Schüler in einer Assoziationsverkettung oder in Form eines „Blitzlichtes" ihre Gedanken zum Adjektiv „romantisch" darlegen.

Assoziationsverkettung: Eine(r) beginnt mit der Assoziation (z. B. *Ich verbinde mit dem Adjektiv „romantisch" einen warmen Sommerabend, an dem man durch die Gassen schlendert und die Grillen zirpen hört.*). An nächster Stelle sollte daran angeknüpft werden (z. B. *Ich stimme dir zu, möchte aber noch ergänzen, dass „romantisch" nicht nur etwas mit einem Zeitpunkt, sondern auch etwas mit Gefühlen zu tun hat.*). Wichtig ist immer, dass die Aussagen nicht unverbunden nebeneinander stehen, sondern miteinander vernetzt werden. Ist die Lerngruppe bereits geübt in solchen Verfahren, muss man nicht unbedingt eine Reihenfolge der Redner festlegen. Legt man Wert darauf, dass jede(r) zu Wort kommt, bietet sich die Reihenfolge der Sitzordnung an.

■ *Äußern Sie Ihre ersten Assoziationen mit dem Adjektiv „romantisch" in Form einer Assoziationsverkettung. Was verbinden Sie mit diesem Begriff?*

Blitzlicht: Jede(r) sagt spontan, was ihm/ihr zu dem Adjektiv „romantisch" einfällt. Dabei stehen keine langen Ausführungen im Vordergrund, sondern kurze spontane.
Die Methode sollte vor diesem Einstieg jeweils kurz erläutert werden.

■ *Äußern Sie Ihre ersten Eindrücke, wenn Sie das Adjektiv „romantisch" hören. Was verbinden Sie mit diesem Begriff?*

Zur späteren Orientierung kann der Lehrer an der Tafel kurze Stichworte mitnotieren. Denn nachdem alle Schülerinnen und Schüler sich geäußert haben, sollte eine Zusammenfassung und Kategorisierung der Ergebnisse stehen. Die gesammelten Stichpunkte mit einer späteren Zuordnung könnten wie folgt aussehen:

Erste „romantische" Eindrücke

- Blockhaus in Kanada, Meer, Wald ... → Landschaften, Orte, Einsamkeit
- Träumereien, Liebe, Mann/Frau ... → Gefühle, Empfindungen, Verklärung
- Mondschein, Sonnenuntergang ... → Situationen, Tageszeit (Übergang: Tag – Nacht, nachts)

usw.

1.2 Die romantische Idee

1.2.1 Informationen über die Epoche der Romantik

In einem zweiten Schritt steht nun die Verbindung zur Epoche der Romantik an. Dabei ist zu fragen, warum – wenn sich in der Epoche ähnliche Themen wie bei den Schülerinnen und Schülern abzeichnen – man sich gerade damit beschäftigt hat.

■ *Gehen wir zunächst einmal von der Annahme aus, die Romantiker hätten sich mit den von Ihnen geäußerten Kategorien beschäftigt. Stellen Sie Vermutungen darüber an, was sie bewogen haben könnte, diese Schwerpunkte zu setzen.*

Als Äußerungen könnten z.B. kommen: neue Innerlichkeit, Abgrenzung zur Epoche der Klassik und der Aufklärung: Rebellion wider die Vernunft und Konventionen, junge Generation (Nähe zur Epoche des Sturm und Drang).
Die geäußerten Hypothesen sollen in einem dritten Schritt an dem Lexikonartikel über die Romantik (s. Anhang der Textausgabe: „Hintergrundinformationen zur Epoche der Romantik", S. 54–56) und den Aussagen der Romantiker (s. Anhang der Textausgabe: Friedrich Schlegel: „Romantische Universalpoesie" und „Gedanken zur Poetik", S. 56–58) überprüft werden. Die wichtigsten Ergebnisse dieser Textarbeit sollten die Schülerinnen und Schüler in Einzelarbeit festhalten. Die Bearbeitung der Aufgaben erfolgt arbeitsteilig.

Teil A (1. Hälfte des Kurses):

■ *Lesen Sie die Seiten 54 bis 56 der Textausgabe („Hintergrundinformationen zur Epoche der Romantik") und halten Sie die wichtigsten Informationen zu den Überbegriffen „Der Begriff", „Die Ideen", „Die Epoche" stichpunktartig fest. Formulieren Sie ein Fazit Ihrer Arbeit, indem Sie die Ergebnisse mit den zuvor geäußerten Assoziationen in Bezug setzen.*

Teil B (2. Hälfte des Kurses):

> ■ *Lesen Sie die Seiten 56–58 der Textausgabe („Friedrich Schlegel: Romantische Universalpoesie" und „Gedanken zur Poetik") und halten Sie die wichtigsten Informationen zu den Überbegriffen „progressive Universalpoesie", „romantische Dichtart", „Romantisieren", „fiktive Welt/Träume/Fantasie" stichpunktartig fest. Formulieren Sie ein Fazit Ihrer Arbeit, indem Sie die Ergebnisse mit den zuvor geäußerten Assoziationen in Bezug setzen.*

Die Ergebnisse der Schülerinnen und Schüler könnten folgendermaßen ausfallen:

Teil A (1. Hälfte des Kurses):

Begriff „romantisch": lange Begriffsgeschichte (höfischer Versroman → Gattungsbegriff → sentimentale Bedeutung → Gegensatz zum Spießbürgertum, Bezeichnung der mittelalterlichen und neuzeitlichen Literatur (Schlegel), romantisch entspricht dem Adjektiv poetisch (Schlegel, Novalis))
Ideen: Selbstkritik der neuzeitlichen Aufklärung, Wiederentdeckung der Einheit der Welt, Rückgriff auf das Ursprüngliche (Mittelalter)
Epoche: drei verschiedene Phasen: Frühromantik (1797–1804), Heidelberger oder Hochromantik (1805–1815), Spätromantik (nach 1820), unterschiedliche Städte als Zentren des schöpferischen Wirkens (Dresden, Jena, Heidelberg, Berlin) und verschiedene Schwerpunktsetzungen
FAZIT: Den Romantikern geht es um sehr viel mehr, als nur bestimmte Stimmungen und Orte zu beschreiben. Sie versuchen, durch die Mittel der Kunst der zerrissenen Realität etwas entgegenzusetzen. Darüber hinaus wollten sie sich von überkommenen Werten distanzieren und entwickelten ihre eigenen Programme, die je nach Autorengruppe unterschiedliche Schwerpunkte setzten.

Teil B (2. Hälfte des Kurses):

Progressive Universalpoesie: Verbindung aller Literaturgattungen und Geisteswissenschaften (insb. Musik, Kunst, Philosophie), Vermittlung von Lebendigkeit, Durchdringung allen Lebens, Zufriedenstellen aller Bedürfnisse (z. B. Bildung, Humor …)
Romantische Dichtart: Dichtung im nie endenden Entwicklungsprozess, Dichter als Schöpfer
Romantisieren: Herausstellen des Besonderen, Sichtbarmachen einer anderen Welt (hinter die Dinge blicken)
Fiktive Welt/Träume/Fantasie: Aufhebung der Vernunft, Ordnung vs. Chaos
FAZIT: Den Romantikern geht es um sehr viel mehr, als nur bestimmte Stimmungen und Orte zu beschreiben. Sie versuchen, eine Poetik zu entwickeln, die alle Grenzen überschreitet und Verbindungen/Verschmelzungen ermöglicht. Dabei sehen sie die Aufgabe des schöpferischen Dichters darin, die Welt mit Poesie zu durchdringen. Wichtig ist die Hochschätzung der inneren Natur des Menschen (Gefühle, Träume, Unbewusstes usw.) und das Aufdecken/Entdecken der Welt, die hinter den Dingen verborgen scheint.

 Im Anschluss an die Stillarbeitsphase sollte die Lerngruppe gemischt werden, sodass sich jeweils Paare von A und B zusammenfinden und ihre Ergebnisse austauschen.

 > ■ *Suchen Sie sich jeweils jemanden aus der anderen Arbeitsgruppe und tauschen Sie ihre Ergebnisse miteinander aus. Ergänzen Sie ggf. Ihre Notizen.*

Abschließend können einige Fazits vorgetragen und im Plenum diskutiert werden. Selbstverständlich können die Ergebnisse abschließend auch in Form eines Tafelbildes festgehalten werden.

Annäherung an die romantische Idee

ROMANTISCH

↓

Bezeichnung der mittelalterlichen und neuzeitlichen Literatur (Schlegel)

Ideen: Selbstkritik der neuzeitlichen Aufklärung, Wiederentdeckung der Einheit der Welt, Rückgriff auf das Ursprüngliche (Mittelalter)
Epoche: untergliedert sich in drei verschiedene Phasen [Frühromantik (1797–1804), Heidelberger Romantik oder Hochromantik (1805–1815), Spätromantik (nach 1820)]
Dichtung: progressive Universalpoesie; Dichter als Schöpfer

- Kunst als Mittel, der zerrissenen Realität etwas entgegenzusetzen
- Distanzierung von überkommenen Werten
- Entwicklung einer Poetik, die alle Grenzen überschreitet
- Hochschätzung der inneren Natur des Menschen
- Aufdecken/Entdecken der Welt, die hinter den Dingen verborgen scheint

1.2.2 Die Umsetzung der romantischen Idee

Die Frage, die sich in einem vierten Schritt aus dem bisherigen Vorgehen ableitet, ist, wie die Romantiker ihre Vorstellungen umgesetzt haben. Dafür bieten sich zwei Möglichkeiten an. Einerseits kann das Ideengut der Romantiker beispielhaft an drei Gedichten gemeinsam erarbeitet werden und anschließend kann ergänzend der globale Zugriff gewählt werden. Andererseits bietet sich für die Schülerinnen und Schüler, die sich bereits mit dem Thema ‚Romantik' auseinandergesetzt haben, auch der direkte, globale Zugriff an, mit dem sie ihr Hintergrundwissen ergänzen und erweitern können.

Typische Themen und Motive: Beispielanalysen romantischer Gedichte

Als gemeinsame Übung dient die Analyse der Eichendorff-Gedichte „Frische Fahrt", „Lockung" und „Zwielicht". Das Gedicht „Frische Fahrt" greift einerseits die enthusiastische Aufbruchsstimmung und das grenzenlose Selbstgefühl der jungen Romantiker auf, andererseits wird bereits die Warnung vor dem entgrenzten Leben latent transportiert. Dadurch lassen sich Parallelen zum Gedicht „Lockung" erkennen, in dem es um die Verführung durch die Natur (evtl. zu verstehen als Warnung des Romantikers vor den romantischen Verirrungen) geht. Hier klingt das Sirenenmotiv bereits an, sodass die Schülerinnen und Schüler für die Thematik der Erzählung „Das Marmorbild" sensibilisiert werden. In dem dritten Gedicht „Zwielicht" wird die Welt des Übergangs (Dämmerung, Mondschein, Nacht) und deren Gefahren angesprochen. Gleichzeitig wird ebenfalls wieder vor den romantischen Verirrungen gewarnt. Auch hier können bereits erste Parallelen zu der Erzählung gezogen werden (Florio, der sich in der Nacht an die Venus verliert; Florio, der immer stärker von der fremden (antiken) Traumwelt angezogen wird und den Blick für die Realität verliert). Ggf. können diese Parallelen nach der Behandlung der Erzählung kurz aufgegriffen werden.

Joseph von Eichendorff: Frische Fahrt (1810)

Die Analyse des Gedichts „Frische Fahrt" (1810) soll den Schülerinnen und Schülern eine erste Vorstellung davon vermitteln, wie die Romantiker ihr Ideengut umgesetzt haben. Das Gedicht ist durch seine Frühlings- und Fließmetaphorik als Beginn einer Reise und als Zeichen der Jugend und des Aufbruchs geprägt. Dieser Eindruck wird auch durch die vierhebigen Trochäen unterstrichen. Besonders durch die Wassermetaphorik wird ein Bewegungsdrang vermittelt. Neben der ungestümen Aufbruchsstimmung werden in der ersten Strophe aber auch die Gefahren der Welt in Form von Naturbildern aufgegriffen. Der zunächst enthusiastisch begrüßte Frühling und Neuanfang sind nicht lange bestimmend, da das lyrische Ich vom Strom des Lebens mitgerissen wird. Die Tiefe als Symbol für das menschlich Abgründige und den Untergang wird bereits am Ende der ersten Strophe aufgegriffen („In die schöne Welt hinunter/Lockt dich dieses Stromes Gruß", Z. 7 f.). Während die erste Strophe noch alle Menschen anspricht („Lockt dich", Z. 8), wendet sich die zweite Strophe ganz dem lyrischen Ich und seinen Reaktionen auf die Gefahren der Welt zu. Das Ich entschließt sich bewusst („Auf dem Strome will ich fahren", Z. 11), auf seinen eigenen Willen und damit seine Vernunft zu verzichten („Von dem Glanze selig blind", Z. 12) und sich ganz seinen Gefühlen hinzugeben. Dabei entsteht der Eindruck einer Uneindeutigkeit, da Eichendorff das Verb „mag" verwendet („Und ich mag mich nicht bewahren [...] Fahre zu! Ich mag nicht fragen", Z. 9 und 15): Unterliegt das lyrische Ich einem Zwang, kann es also nicht anders handeln, oder will das Subjekt es bewusst? Fest steht, dass die anfängliche „laue Luft" zu einem „kräftigen Wind" geworden ist, der das lyrische Ich immer weiter von der Heimat wegtreibt. Trotzdem lässt sich das Subjekt nicht verunsichern. Hier klingen die antibürgerliche Haltung und das revolutionäre Ausbrechen aus bekannten Mustern und Normen an. Die Verschmelzung der Strom-, Wehen- und Licht-Metapher bereitet den letzten Ausruf des lyrischen Ichs („Fahre zu!", Z. 15) vor. Der Schluss des Gedichts verdeutlicht eine entschlossene Aufbruchsstimmung. Dabei hat das Subjekt aber lediglich sein eigenes Lebensglück ohne einen echten Lebensentwurf im Auge („Ich mag nicht fragen,/Wo die Fahrt zu Ende geht!", Z. 15 f.). Neben der positiven Lebensbegeisterung schwingt hier ein warnender Unterton mit: Das entgrenzte Leben kann halt- und ziellos sein. Dadurch wird insbesondere die Überschrift „Frische Fahrt" rückblickend zu eindimensional, da sie nur die glückliche Seite des Aufbruchs berücksichtigt.

Bevor den Schülerinnen und Schülern das Gedicht vorgelegt wird, werden sie mithilfe einer kleinen Fantasiereise in den erzählenden Kontext des Gedichts eingeführt. Im Kontext dieser ersten Annäherung wird bewusst auf die Titelangabe des Gedichts verzichtet, da die Schülerinnen und Schüler später selber einen möglichen Titel finden sollen, der mit dem eigentlichen kontrastiert wird.

Die Lehrperson kann z. B. folgende Einführung wählen:

Das Gedicht ist Teil des Eichendorff'schen Romans „Ahnung und Gegenwart" (1811).
Stellen Sie sich vor, Sie sind die Gräfin Romana, eine Hauptfigur des Romans. Durch Ihre Erziehung sind Sie zu einer behüteten Lebensweise gedrängt worden. Ihr Leben verläuft in geordneten, braven Bahnen, alles scheint vorhersehbar. Davon fühlen Sie sich zutiefst gelangweilt und ausgebremst: Sie haben Energie und Temperament. In einem Lied bringen Sie Ihren ganzen Protest und Unmut zum Ausdruck.

■ *Gestalten Sie ein zweistrophiges Lied/Gedicht, das in diesen Kontext hineinpasst.*

Bei der anschließenden Präsentation ist es wichtig, dass zunächst ausgewählte Schülerbeispiele vorgetragen und miteinander verglichen werden. Erst danach sollte das Gedicht „Frische Fahrt" von der Lehrperson präsentiert werden.

Im unmittelbar sich anschließenden Wirkungsgespräch werden die Schülerinnen und Schüler wahrscheinlich direkt auf die sich eröffnende Diskrepanz des Gedichts zu sprechen kommen: Es ist gerade nicht der Enthusiasmus, der allein vorherrscht, sondern auch die Mahnung vor dem möglichen Untergang, die anklingt.

Vertiefend erhalten die Schülerinnen und Schüler das Gedicht (vgl. **Arbeitsblatt 1**, S. 28) mit den folgenden Arbeitsaufträgen:

- *Versuchen Sie, die Ziele der Reise zu formulieren.*

- *Das lyrische Ich will ein neues Leben beginnen. Verstehen Sie das Gedicht im Kontext dieses Aufbruchs und deuten Sie die Metaphern Frühling (Z. 1), Jagd (Z. 3), Fluss (Z. 6)/Strom (Z. 8), Glanz (Z. 12)/Aurora (Z. 14).*

- *Wählen Sie aus den vorliegenden Überschriften begründet eine aus: „Freiheit", „Strom des Lebens", „Frische Fahrt", „Wilder Fluss", „Frühling", „Lockendes Leben".*

- *In vielen Interpretationen des Gedichts liest man, dass das Gedicht auch als Warnung vor einem ziellosen Leben verstanden werden kann. Für wie tragfähig halten Sie die Interpretation?*

Es gibt keine eigentlichen Ziele. Das lyrische Ich wagt den Aufbruch ins Unbekannte und lässt sich bewusst treiben. Für diesen Ausbruch aus der Normalität findet Eichendorff verschiedene Bilder: Frühling als Zeichen des Neubeginns und des Erwachens, Jagd als Nervenkitzel bzw. Wildheit, Fluss/Strom als Lebensweg, Glanz/Aurora als Aufbruch bzw. Weite.

Die Überschriften bilden jeweils Teilaspekte des Gedichts ab. In den Titeln „Strom des Lebens", „Wilder Fluss" und „Lockendes Leben" sind auch die Gefahren eines solchen Aufbruchs indirekt berücksichtigt.

Für den Interpretationsansatz lassen sich im Gedicht folgende Nachweise finden: „magisch wilder Fluss" (Z. 6), „in die schöne Welt hinunter/Lockt" (Z. 7 f.), „selig blind" (Z. 12), „lockend schlagen" (Z. 13), „Wo die Fahrt zu Ende geht" (Z. 16).

Während des Abrufs der Ergebnisse sollte die Lehrperson den Schülerinnen und Schülern Eichendorffs Titelwahl „Frische Fahrt" mitteilen (im Kontext des dritten Arbeitsauftrages) und das Für und Wider erläutern lassen.

Zur Vertiefung der Unterrichtsergebnisse kann ergänzend nachgefragt werden, inwieweit das Gedicht „Frische Fahrt" das romantische Lebensgefühl aufgreift.

- *Erklären Sie, inwieweit das Gedicht „Frische Fahrt" von Joseph von Eichendorff das romantische Lebensgefühl aufgreift.*

Besonders der Freiheitsdrang und die Loslösung von überkommenen Konventionen („Weit von euch treibt mich der Wind", Z. 10; „Fahre zu!", Z. 15) werden aufgegriffen und umgesetzt.

Joseph von Eichendorff: Lockung (1834)

Um sich grundlegende Strukturen einer Gedichtanalyse nochmals zu vergegenwärtigen, sollen die Schülerinnen und Schüler sich mit dem Gedicht „Lockung" auseinandersetzen. Als Hinführung dazu dient das Bild der Sirenen (vgl. **Arbeitsblatt 2**, S. 29), das auf Folie gezogen wird.

- *Beschreiben Sie das Bild.*

- *Erläutern Sie, ob bzw. warum das Bild den Titel „Lockung" bzw. „Verführung" tragen könnte.*

Im Unterrichtsgespräch sollte erwähnt werden, dass Odysseus an den Schiffsmast angebunden ist und wie von Sinnen scheint. Die Sirenen (nackte, wunderschöne Frauen) haben fast das Schiff in ihre Gewalt gebracht, da sie über die Reling steigen. Die Mannschaft rudert aus voller Kraft und versucht zu entkommen. Der Titel „Lockung"/„Verführung" könnte deshalb zutreffen, da der Begriff etwas mit dem Verlust seiner eigenen Sinne zu tun hat. Derjenige, der gelockt oder verführt wird, begibt sich in die Hand anderer und schaltet seinen eigenen Willen kurzzeitig aus.

In einem nächsten Schritt liest die Lehrperson das Gedicht „Lockung" (s. **Arbeitsblatt 4**, S. 32) vor, ohne dass den Schülerinnen und Schülern bereits der Text ausgeteilt wurde. Dadurch sind sie gezwungen, sich ganz auf den akustischen Reiz zu konzentrieren.

Im anschließenden Unterrichtsgespräch werden die Parallelen zu dem vorher beschriebenen Bild erarbeitet.

- *Welchen Eindruck macht das Gedicht auf Sie?*

- *Beschreiben Sie kurz, worum es Ihrer Meinung nach geht.*

- *Überlegen Sie, inwieweit Parallelen zu dem Bild „Odysseus und die Sirenen" existieren.*

Hier kann bereits der lockende Charakter, der z. B. durch den Rhythmus und durch die vielen rhetorischen Fragen entsteht, aufgegriffen werden. Mithilfe des Sirenenmotivs können die Parallelen zum Bildnis herausgearbeitet werden (Sirenen als sinnliches, aber auch bedrohliches Element).

Die Analyse, durch die geklärt werden sollte, wie Eichendorff die „Lockung" bzw. „Verführung" umsetzt, erfolgt in vier arbeitsteiligen Großgruppen, in denen sich jede/jeder zunächst in Einzelarbeit mit dem Gedicht auseinandersetzt. Die Gruppen sollten von der Lehrperson zusammengestellt werden, da die Arbeitsaufträge unterschiedliche Schwierigkeitsgrade beinhalten. Insbesondere die Gruppen 3 und 4 sollten leistungsstärker sein.

Als Bearbeitungshilfe erhalten alle die Arbeitsblätter zur Gedichtanalyse (s. **Arbeitsblätter 3 a/b**, S. 30 f.) sowie das Gedicht „Lockung" (s. **Arbeitsblatt 4**, S. 32). Die Ergebnisse dieser Arbeitsphase gehen in das Fazit der Großgruppe ein.

Großgruppe 1:

- *Lesen Sie das vorliegende Gedicht. Formulieren Sie*
  a) Ihre ersten Eindrücke in Bezug auf die Wirkung und
  b) das Thema des Gedichtes.

- *Setzen Sie sich anschließend in Ihrer Großgruppe zusammen und formulieren Sie ein gemeinsames Ergebnis.*

Großgruppe 2:

- *Lesen Sie das Gedicht. Analysieren Sie mithilfe der Arbeitsblätter „Hilfsmittel für die Gedichtanalyse" die Form (Strophenaufbau, Reimschema, Kadenzen) des Gedichtes.*

- *Setzen Sie sich anschließend in Ihrer Großgruppe zusammen und formulieren Sie ein gemeinsames Ergebnis.*

Großgruppe 3:

> ■ *Lesen Sie das Gedicht. Analysieren Sie mithilfe der Arbeitsblätter „Hilfsmittel für die Gedichtanalyse" die Sprache des Gedichtes. Achten Sie auch auf die Wortwahl sowie die Satzkonstruktionen.*

> ■ *Setzen Sie sich anschließend in Ihrer Großgruppe zusammen und formulieren Sie ein gemeinsames Ergebnis.*

Großgruppe 4:

> ■ *Lesen Sie das Gedicht. Analysieren Sie die Symbolik des Gedichts. Überlegen Sie, welche Dinge, Zustände, Erscheinungen neben ihrer konkreten Bedeutung noch eine tiefere, symbolische haben könnten.*

> ■ *Setzen Sie sich anschließend in ihrer Großgruppe zusammen und formulieren Sie ein gemeinsames Ergebnis.*

Inhaltlich sollten folgende Aspekte durch die Gruppenarbeit angesprochen werden:

Wirkung: regelmäßig, auffordernd, lockend/verführend

Thema: Verführung durch die Natur (evtl. zu verstehen als Warnung des Romantikers vor den romantischen Verirrungen)

Form: 2 Strophen → 8 Zeilen/durchgehend: Kreuzreim (abab) und 4-hebiger Trochäus (betont, unbetont), Wechsel von weiblichen und männlichen Kadenzen → lockender Rhythmus, der auffordernden Charakter besitzt; Vermischung der Sinneseindrücke, Aufhebung der Gegensätze in der Nacht (allgemeine Verbindung) schlägt sich im Kreuzreim und den wechselnden Kadenzen nieder.

Sprache: Metaphern/Personifikation der „belebten" Natur (Z. 1, 5, 7, 9, 13), universales Sprachvermögen (Klangelemente) zeigt sich durch die immer wieder verwendeten Ausdrücke „rauschen/lauschen"; Aufbau von Gegensätzen durch das Adjektiv „still" (Z. 2, 7); 1. Strophe: zerfällt formal in 2 rhetorische Fragen (Z. 1–2 und Z. 3–8); im zweiten Teil finden sich die nähere Beschreibung (Lokalsatz); 2. Strophe: zerfällt in eine rhetorische Frage (Z. 9–10), nähere Beschreibung der „Lieder" (Z. 11–12), Konditionalsatz (Z. 15), Imperativ (Z. 16) → insgesamt also Zuspitzung auf diesen Punkt der Aufforderung; Vernetzung beider Strophen: „Hörst du nicht die Bäume rauschen" (Z. 1) → „Wenn die Bäume träumend lauschen" (Z. 13/Synästhesie); „Lockt's dich nicht, hinabzulauschen" (Z. 3) → „Und im Fluss die Nixen rauschen" (Z. 15); Aufgreifen verschiedener Eindrücke/Aktivitäten: hören (Z. 1), locken (Z. 3), kennen (Z. 9), kommen (Z. 16)

Symbolik: belebte Natur (Sehnsucht), Nacht (das Alte, Verwunschene, Vergessene hat dort seinen Platz), Sirenen (Verführung, Sinnbild für die zerstörerische Dämonie), irre Lieder/ Schloss (Anspielung auf das Mittelalter als Zeit der Ursprünglichkeit)

Die Präsentation der Ergebnisse erfolgt auf Folie, die an die Großgruppen ausgegeben werden.

> ■ *Präsentieren Sie Ihre Ergebnisse.*

> ■ *Erläutern Sie abschließend, was Ihnen inhaltlich/strukturell aufgefallen ist.*

Hier sollte festgehalten werden, dass das Gedicht trotz der vordergründigen Einfachheit eine kunstvolle Struktur durch die Vernetzung der beiden Strophen aufweist. Durch den Aufbau sowie durch den Rhythmus hat Eichendorff nicht nur inhaltlich, sondern auch akustisch einen Lockruf gestaltet.

Vertiefend können die Schülerinnen und Schüler selbst ein Tafelbild zu den bisherigen Ergebnissen entwickeln. Dabei sollten die Kategorien Thema, Wirkung, Form, Sprache sowie Symbolik vorgegeben werden. Darüber hinaus müssen die Schülerinnen und Schüler das Ergebnis der Analyse in das Tafelbild integrieren.

■ *Gestalten Sie auf der Basis der bisherigen Ergebnisse eine Tafelskizze (= Verdichtung der Ergebnisse), in der Sie die Untersuchungskategorien Thema, Wirkung, Form, Sprache sowie Symbolik berücksichtigen. Formulieren Sie ein Fazit der Gedichtanalyse (Welche Aussage hat das Gedicht?).*

Eine mögliche Umsetzung der Ergebnisse könnte wie folgt aussehen:

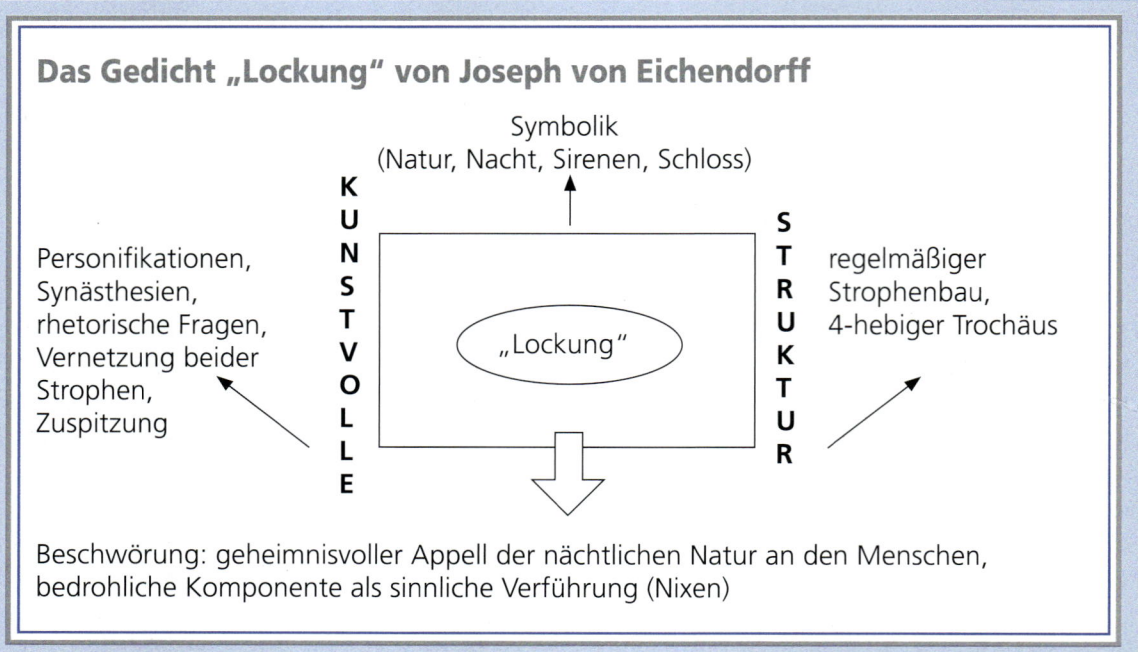

In einem weiteren Schritt können z. B. zwei oder drei unterschiedliche Entwürfe an der Tafel präsentiert und miteinander in Beziehung gesetzt werden. Selbstverständlich kann das Tafelbild auch gemeinsam erarbeitet werden.

Im Anschluss daran können die Arbeitsergebnisse aus 1.2.1 aufgegriffen werden.

■ *Erläutern Sie, inwieweit sich die bereits erarbeiteten Ideen der Romantik in diesem Gedicht wiederfinden lassen.*

Insbesondere der Aspekt der numinosen Welt wird hier umgesetzt. Das Gedicht lebt durch die Vorstellung der belebten Natur und die Verborgenheit, in der das Geschehen stattfindet. Gleichzeitig bedient sich Eichendorff der sagenumwobenen Sirenen, um die Gefährlichkeit der Verführung zu unterstreichen. Damit wird das innere Begehren des Menschen thematisiert.

Joseph von Eichendorff: Zwielicht (1811)

Nachdem ein Gedicht gemeinsam erarbeitet wurde, steht nun die eigene Auseinandersetzung mit einem weiteren Beispiel romantischer Lyrik an.
Das Gedicht „Zwielicht" handelt von der Zwielichtigkeit des Lebens und ist ein Ratschlag zur Vorsicht vor dem Betrug durch andere. In der ersten Strophe geht es um die hereinbre-

chende Dämmerung (sprachlich als Klimax aufgebaut), deren Bedeutung in den nächsten Strophen erläutert wird. Die nachfolgenden Strophen beantworten gleichsam die rhetorische Frage des letzten Verses („Was will dieses Graun bedeuten?"). In der zweiten Strophe wird das Beschützen eines lieben Menschen (der Geliebten) thematisiert. Die dritte Strophe spricht die Gefahren der Welt an (Rat zur Vorsicht vor falschen Freunden), wohingegen die vierte eine Zusammenfassung und Mahnung darstellt. Strophe zwei und drei sind struktur-identisch aufgebaut: Die Anfangszeilen bilden einen konjunktionalen Nebensatz; es folgt dann der Hauptsatz mit Imperativ und Negation als Handlungsanweisung. Damit bilden die Binnenstrophen eine Einheit. Formal liegt ein regelmäßiger Aufbau vor (vier Strophen zu je vier Versen, umarmender Reim, weibliche Kadenzen, 4-hebiger Trochäus, paralleler Aufbau der 3./4. Strophe). Sprachlich dominiert eine bildhafte Sprache (z. B. Z. 1 (Personifikation), Z. 3 (Vergleich)), die häufig dem Bereich der Natur entlehnt ist (vgl. Strophe 1/2). Eichendorff verleiht der Natur die Fähigkeit, Empfindungen auszudrücken. Er vernetzt in seinem Gedicht zwei Aspekte miteinander: das Naturschauspiel der Dämmerung, in der uns unsere Wahrnehmung häufig betrügen kann, und den Aspekt des Betrugs. Diese Dopplung kommt bereits in der Überschrift „Zwielicht" zum Tragen: Der Begriff bezeichnet den Übergang zwischen Hell und Dunkel, Tag und Nacht. Gleichzeitig bewirkt das Zwielicht einen Zustand, in dem nicht mehr eindeutig wahrgenommen und definiert werden kann. Damit verdeutlicht er unmissverständlich, dass der Mensch dieser Gefahr, hintergangen zu werden, täglich ausgesetzt ist, ebenso wie die Dämmerung jeden Tag aufs Neue hereinbricht. Insbesondere das Hereinbrechen der Nacht (häufige romantische Metapher für Tod und Vernichtung) verweist auf das Bedrohliche. Davor muss sich der Mensch schützen. Aus diesem Grund dominieren auch die Ratschläge (Imperative) in den Strophen (vgl. Z. 6, 10, 16).

Das Gedicht kann als Appell verstanden werden, sich auf seine moralischen Kräfte zu verlassen und sich von einer inhumanen Gesellschaft zu distanzieren. Es gilt, die Verführbarkeit des Menschen zu erkennen und ihr mit Wachsamkeit („bleib wach und munter!", Z. 16) zu begegnen. Damit warnt Eichendorff auch vor zu viel „Romantisierung" und einem Sich-Hingeben in das Irrationale und Fantastische. Es geht ihm um die positive Beziehung zum Mitmenschen und die Absage an einen schwärmerischen egoistischen Alleingang.

Zur Bearbeitung des Gedichts „Zwielicht" erhalten die Schülerinnen und Schüler Leitfragen (vgl. **Arbeitsblatt 5**, S. 33), die sie zunächst stichpunktartig beantworten können. Im Anschluss daran sollen diese Stichpunkte für eine schriftliche Ausarbeitung genutzt werden.

- *Beantworten Sie folgende Fragen in Stichpunkten:*
  - *Welche Wirkung hat das Gedicht auf den Leser, welche Atmosphäre wird erzeugt?*
  - *Welches Thema wird in dem Gedicht aufgegriffen?*
  - *Welche Form (Strophenaufbau, Reimschema, Kadenzen) verwendet Eichendorff?*
  - *Welche Sprache (rhetorische Mittel) verwendet Eichendorff? Welche Symbolik greift er auf?*
  - *Welche Gesamtaussage wird mithilfe des Gedichtes transportiert?*
  - *Welche Aspekte der romantischen Idee greift Eichendorff in seinem Gedicht auf?*

- *Verfassen Sie nun, ausgehend von Ihren Stichpunkten, eine ausführliche Gedichtinterpretation. (Hilfen: Arbeitsblätter 3 a/b und 6)*

Bevor die eigentliche Ausarbeitung (vgl. zweiter Arbeitsauftrag) erfolgt, sollten die wichtigsten Aspekte im Unterrichtsgespräch gesammelt und an der Tafel notiert werden. Dies gewährleistet den Schülerinnen und Schülern Sicherheit, da hier die Einzelergebnisse gebündelt visualisiert werden.

Joseph von Eichendorff: Zwielicht (1811)

Wirkung: Appell, Warnung

Atmosphäre: belehrend, bedrohlich

Thema: Zwielichtigkeit des Lebens

Aufbau/Form: vier Strophen zu je vier Versen, Binnenstrophen sind gleich aufgebaut, umarmender Reim, weibliche Kadenzen, vierhebiger Trochäus

Sprache: bildhafte Sprache (Bereich der Natur), Imperative, strukturidentischer Aufbau der zweiten/dritten Strophe (konjunktionaler Nebensatz)

Symbolik: Zwielicht: Naturschauspiel der Dämmerung – Betrug: ein Mensch wird hintergangen

Aussage: Erkenntnis der Verführbarkeit des Menschen und Ermahnung zur Wachsamkeit

Aspekte der romantischen Idee: Natur, Zeit des Übergangs, Verführbarkeit/Hingabe an das Fantastische

Arbeitsblatt 6 (s. S. 34) kann für die schriftliche Ausformulierung zusätzlich einen Orientierungsrahmen schaffen. Hier wird nochmals systematisch erläutert, was bei der Anfertigung eines Schreibplans und der Gliederung einer Gedichtinterpretation beachtet werden sollte. Im Anschluss an den Schreibauftrag sollten ausgewählte Beispiele vorgetragen und kommentiert werden.

Als vertiefende Zusatzaufgabe kann ein Interpretationsansatz zu dem Gedicht „Zwielicht" vorgelegt werden (vgl. **Arbeitsblatt 7**, S. 35).

■ *Geben Sie die Aussagen des Rezensenten mit eigenen Worten wieder.*

■ *Erörtern Sie die Stichhaltigkeit des vorliegenden Interpretationsansatzes.*

Lyrik und Kunst – ein globaler Zugriff

Dieser Zugriff eignet sich besonders für Schülerinnen und Schüler, die bereits Vorwissen über die Epoche der Romantik haben. Sie sollen die Gedichte (s. Anhang der Textausgabe, S. 59–62) sowie die Bilder (s. Anhang der Textausgabe, S. 63 f.) untersuchen und sich auf das Thema, die Motivik, Eigenheiten (Auffälligkeiten bei der inhaltlichen, sprachlich-stilistischen Umsetzung) sowie die Wirkung des Gedichtes konzentrieren. Ähnliches gilt für die Bilder Friedrichs, bei denen Komposition, Motivik/Symbolik und Atmosphäre untersucht werden sollen.

Um möglichst effektiv arbeiten zu können, wird die Arbeit auf Kleingruppen aufgeteilt. Jede Kleingruppe erhält zur besseren Orientierung eine Papierkopie der Grundfolie.

Gedichte

Die Schülerinnen und Schüler erhalten dafür Folienschnipsel, die später auf die Grundfolie (vgl. **Arbeitsblatt 8**, S. 36) aufgelegt werden, um vergleichend arbeiten zu können.

■ *Erarbeiten Sie das Thema, die Motive/Symbole, Eigenheiten (Auffälligkeiten bei der inhaltlichen, sprachlich-stilistischen Umsetzung) sowie die Wirkung des Ihnen zugeteilten Gedichtes. Halten Sie Ihre Ergebnisse in Stichpunkten auf den Folienschnipseln fest. Präsentieren Sie anschließend Ihre Ergebnisse in einem Kurzvortrag.*

Bilder

Die Schülerinnen und Schüler erhalten dafür Folienschnipsel, die später auf die Grundfolie (vgl. **Arbeitsblatt 9**, S. 38) aufgelegt werden, um vergleichend arbeiten zu können.

- *Erarbeiten Sie das Thema, die Komposition, die Motive/Symbole und die Atmosphäre des Ihnen zugeteilten Bildes. Halten Sie Ihre Ergebnisse in Stichpunkten auf den Folienschnipseln fest. Präsentieren Sie anschließend Ihre Ergebnisse in einem Kurzvortrag.*

Bei der sich anschließenden Präsentation sollten die Schülerinnen und Schüler im Hinblick auf den Vergleich von Malerei und Dichtung herausarbeiten können, dass es sich jeweils um ähnliche künstlerische Themen und Motive handelt.

Vertiefend können folgende schriftliche Arbeitsaufträge erteilt werden:

Analytisch

- *Erläutern Sie, was Sie an den einzelnen Gedichten für typisch romantisch halten.*

- *Suchen Sie sich ein Gedicht aus. Erörtern Sie, ob es dem Dichter Ihrer Meinung nach gelungen ist, die romantische Literaturvorstellung glaubhaft umzusetzen.*

Kreativ

- *Gestalten Sie zu einem der Bilder selbst ein kurzes romantisches Gedicht und begründen Sie anschließend Ihre Gestaltung.*

- *Stellen Sie sich vor, Sie wären Eichendorff, Brentano oder Friedrich. Gestalten Sie eine Erläuterung zu einem Ihrer Werke, indem Sie insbesondere auf dessen Aussage eingehen.*

Im **Zusatzmaterial 1 und 2** (S. 113 f.) finden sich noch weitere Anregungen, die sich teilweise auch als Klausurmaterial eignen.

Notizen

_____

_____

_____

_____

_____

_____

_____

_____

_____

Das romantische Lebensgefühl

Joseph von Eichendorff: _____

Laue Luft kommt blau geflossen,
Frühling, Frühling soll es sein!
Waldwärts Hörnerklang geschossen,
Mutger Augen lichter Schein;
5 Und das Wirren[1] bunt und bunter,
Wird ein magisch wilder Fluss,
In die schöne Welt hinunter
Lockt dich dieses Stromes Gruß.

Und ich mag mich nicht bewahren!
10 Weit von euch treibt mich der Wind,
Auf dem Strome will ich fahren,
Von dem Glanze selig blind!
Tausend Stimmen lockend schlagen,
Hoch Aurora[2] flammend weht,
15 Fahre zu! Ich mag nicht fragen,
Wo die Fahrt zu Ende geht!

Aus: Joseph von Eichendorff: Werke in 6 Bänden, Bd. 1, hg. von H. Schultz:
Deutsche Klassiker Verlag, Frankfurt a. M., 1985, S. 119f.

Joseph von Eichendorff

---

[1] substantivierter Gebrauch des Verbs „verwirren"; steht auch in Verbindung zu dem Verb „verirren"
[2] Morgenröte, Sonnenaufgang

■ _Versuchen Sie, die Ziele der Reise zu formulieren._

■ _Das lyrische Ich will ein neues Leben beginnen. Verstehen Sie das Gedicht im Kontext dieses Aufbruchs und deuten Sie die Metaphern Frühling (Z. 1), Jagd (Z. 3), Fluss (Z. 6)/Strom (Z. 8), Glanz (Z. 12)/Aurora (Z. 14)._

■ _Wählen Sie aus den vorliegenden Überschriften begründet eine aus: „Freiheit", „Strom des Lebens", „Frische Fahrt", „Wilder Fluss", „Frühling", „Lockendes Leben"._

■ _In vielen Interpretationen des Gedichts liest man, dass das Gedicht auch als Warnung vor einem ziellosen Leben verstanden werden kann. Für wie tragfähig halten Sie die Interpretation?_

Die Sirenen (Folie)

Herbert James Draper (1863–1920): Odysseus und die Sirenen, 1909

■ *Beschreiben Sie das Bild.*

■ *Erläutern Sie, ob bzw. warum das Bild den Titel „Lockung" bzw. „Verführung" tragen könnte.*

Gedichtanalyse: Rhetorische Figuren

Sprachliches Mittel	Erläuterung	Beispiel
Akkumulation	reihende Häufung von Begriffen	Lass mich nicht Ach, nicht Pracht, nicht Lust, nicht Angst verleiten.
Alliteration	Auch Stabreim genannt; zwei oder mehrere Wörter innerhalb einer Zeile oder eines Satzes besitzen den gleichen Anlaut.	Milch macht müde Männer munter.
Anapher	Mehrere Zeilen beginnen mit dem gleichen Wort oder der gleichen Wortgruppe.	Das Wasser rauscht,/Das Wasser schwoll.
Antithese	Entgegenstellung von Gedanken oder Begriffen	Der Wahn ist kurz, die Reu' ist lang.
Chiasmus	Die symmetrische Überkreuzstellung von syntaktisch oder bedeutungsmäßig einander entsprechenden Satzgliedern zur Verdeutlichung einer Antithese.	Ich schlafe am Tag, in der Nacht wache ich.
Ellipse	Unvollständiger Satz; Auslassung eines Satzgliedes/Wortes, das leicht ergänzbar ist.	Je schneller, desto besser.
Euphemismus	Beschönigung	vollschlank statt dick
Hyperbel	(starke) Übertreibung	ein Meer von Tränen
Hypotaxe	kunstvoll geschachtelte Syntax	Der jüngere Hausherr hatte, als der allgemeine Aufbruch begann, mit der Hand in seine Brustseite gegriffen, wo …
Inversion	Umkehrung der geläufigen Wortstellung im Satz	Der Schultern warmer Schnee wird werden warmer Sand.
Klimax	dreigliedrige Steigerung	Ich kam, sah und siegte.
Metapher	Ein bildlicher Ausdruck, bei der eine bekannte Wortbedeutung in übertragener (bildlicher) Bedeutung gebraucht wird.	Flussbett, am Fuß des Berges
Onomatopoesie	Laut- und Klangmalerei: Wiedergabe v. a. akustischer Eindrücke durch Sprache	So heult es verworren, und ächzet und girrt, und brauset und sauset und krächzet und klirrt.
Oxymoron	Verbindung zweier sich logisch ausschließender Begriffe	bittere süße, schwarze Milch
Paradoxon	Scheinwiderspruch	Vor lauter Individualismus tragen sie Uniform.
Parallelismus	Wiederkehr derselben Wortreihenfolge in symmetrischer syntaktischer Konstruktion.	Heiß ist die Liebe, kalt ist der Schnee.
Parataxe	Nebeneinanderstellen gleichberechtigter Hauptsätze	Der König sprach's, der Page lief.
Parenthese	Grammatisch selbständiger Einschub in einen Satz.	So bitt ich – ein Versehen war's, weiter nichts – /Für diese rasche Tat dich um Verzeihung.
Periphrase	Umschreibung	Jenes höhere Wesen, das wir verehren (= Gott)
Personifikation	Vermenschlichung	Die Sonne lacht. Mutter Natur
Rhetorische Frage	Scheinbare Frage, weil keine Antwort erwartet wird.	Wie lange noch missbrauchst du, Catilina, unsere Geduld?
Symbol	Ein Gegenstand oder Vorgang weist auf einen allgemeinen Sinnzusammenhang hin.	Taube als Zeichen für Frieden, Herz für Liebe
Synästhesie	Verschmelzung verschiedener Sinnesbereiche	heiße Musik, schreiendes Rot
Vergleich	Verknüpfung zweier Bedeutungsbereiche durch Hervorheben des Gemeinsamen	Achill ist stark <u>wie</u> ein Löwe.

Gedichtform

Lyrischer Sprecher (lyrisches Ich/Wir)

Hiermit ist der Sprecher im Gedicht gemeint, aus dessen Sicht die Leser Eindrücke, Empfindungen etc. erfahren. Dieses Ich/Wir ist grundsätzlich nicht mit dem Autor identisch, sondern es handelt sich um Rollen, in die er schlüpft. Das lyrische Ich kann aber auch auf autobiografische Zusammenhänge verweisen.

Vers und Strophe

Anders als beim Prosatext brechen die Zeilen an einer bestimmten Stelle ab. Stimmen Satzende und Zeilenende überein, spricht man von **Zeilenstil**. Überspringt der Satz das Zeilenende und wird im folgenden Vers fortgesetzt, liegt ein **Enjambement** (= Zeilensprung) vor.
Eine Strophe bezeichnet die Zusammenfassung von gleich oder ungleich langen Versen zu einer metrischen Einheit.

Rhythmus und Metrum

Jeder Sprecher trägt in einer bestimmten Art einen Text vor. Dabei hat jede Form des Sprechens einen eigenen **Rhythmus**. Dieser wird z. B. durch das Tempo, den Akzent, Pausen oder die Sprachmelodie hervorgerufen.
Das **Metrum** ist die formale Abfolge von stark betonten Silben (= Hebungen) und schwach betonten bzw. unbetonten Silben (= Senkungen). Eine metrisch gebundene Verszeile umfasst mehrere Takte und kann entsprechend als zwei-, drei-, vierhebig usw. gekennzeichnet werden. Man spricht von Versmaß oder Versfuß als taktmäßiger Struktur des Gedichts.
- Jambus (steigendes Metrum: xx́): *Erhalt uns Herr bei deinem Wort.*
- Trochäus (fallendes Metrum: x́x): *Mitten wir im Leben sind/Mit dem Tod umfangen.*
- Daktylus (fallendes Metrum: x́xx): *Pfingsten, das liebliche Fest war gekommen, es grünten …*
- Anapäst (steigendes Metrum: xxx́): *durch die ewige Frage: wozu?*

Ende des Verses

Besondere Beachtung verdient das Verszeilenende (= Kadenz). Verszeilen, die betont (mit einer Hebung) enden, werden **stumpfe Kadenz** genannt (*… Steht die Form, aus Lehm gebrannt.*). Folgt auf die letzte betonte noch eine unbetonte Silbe, spricht man von einer **klingenden Kadenz** (*Festgemauert in der Erden …*).

Reim

Hier liegt der Gleichklang zweier oder mehrerer Wörter von ihrem letzten betonten Vokal an vor. Nach der Stellung des Reims im Vers unterscheidet man **Anfangsreim** (= Die ersten Silben zweier aufeinander folgender Zeilen reimen sich.), **Binnenreim** (= Zwei oder mehrere Wörter in einer Zeile reimen sich.) und **Endreim** (= Die letzten Silben, am Ende zweier oder mehrerer Verse reimen sich.).
Häufig auftretende Formen des Endreims sind:
- Paarreim: aa/bb
- Kreuzreim: ab/ab
- Schweifreim: aab/ccb
- Umschließender/umarmender Reim: abba
- Haufenreim: aaa, bbb …

Exemplarische Gedichtanalyse

Joseph von Eichendorff: Lockung (1834)

Hörst du nicht die Bäume rauschen
Draußen durch die stille Rund'?
Lockt's dich nicht, hinabzulauschen
Von dem Söller in den Grund,
5 Wo die vielen Bäche gehen
Wunderbar im Mondenschein
Und die stillen Schlösser sehen
In den Fluss vom hohen Stein?

Kennst du noch die irren Lieder
10 Aus der alten, schönen Zeit?
Sie erwachen alle wieder
Nachts in Waldeseinsamkeit,
Wenn die Bäume träumend lauschen
Und der Flieder duftet schwül
15 Und im Fluss die Nixen rauschen –
Komm herab, hier ist's so kühl.

Aus: Der neue Conrady. Das große deutsche Gedichtbuch. Von den Anfängen bis zur Gegenwart, neu hg. und aktualisiert von Karl Otto Conrady, Düsseldorf: Artemis & Winkler, 2000, S. 393

Großgruppe 1:

■ *Lesen Sie das vorliegende Gedicht. Formulieren Sie*
a) Ihre ersten Eindrücke in Bezug auf die Wirkung und
b) das Thema des Gedichtes.

■ *Setzen Sie sich anschließend in Ihrer Großgruppe zusammen und formulieren Sie ein gemeinsames Ergebnis.*

Großgruppe 2:

■ *Lesen Sie das Gedicht. Analysieren Sie mithilfe der Arbeitsblätter „Hilfsmittel für die Gedichtanalyse" die Form (Strophenaufbau, Reimschema, Kadenzen) des Gedichtes.*

■ *Setzen Sie sich anschließend in Ihrer Großgruppe zusammen und formulieren Sie ein gemeinsames Ergebnis.*

Großgruppe 3:

■ *Lesen Sie das Gedicht. Analysieren Sie mithilfe der Arbeitsblätter „Hilfsmittel für die Gedichtanalyse" die Sprache des Gedichtes. Achten Sie auch auf die Wortwahl sowie die Satzkonstruktionen.*

■ *Setzen Sie sich anschließend in Ihrer Großgruppe zusammen und formulieren Sie ein gemeinsames Ergebnis.*

Großgruppe 4:

■ *Lesen Sie das Gedicht. Analysieren Sie die Symbolik des Gedichts. Überlegen Sie, welche Dinge, Zustände, Erscheinungen neben ihrer konkreten Bedeutung noch eine tiefere, symbolische haben könnten.*

■ *Setzen Sie sich anschließend in Ihrer Großgruppe zusammen und formulieren Sie ein gemeinsames Ergebnis.*

Eine Gedichtinterpretation verfassen

Joseph von Eichendorff: Zwielicht (1815)

Dämmrung will die Flügel spreiten,
Schaurig rühren sich die Bäume,
Wolken ziehn wie schwere Träume –
Was will dieses Graun bedeuten?

5 Hast ein Reh[1] du lieb vor andern,
Lass es nicht alleine grasen,
Jäger ziehn im Wald und blasen,
Stimmen hin und wider wandern.

Hast du einen Freund hienieden,
10 Trau ihm nicht zu dieser Stunde,
Freundlich wohl mit Aug und Munde,
Sinnt er Krieg im tück'schen Frieden.

Was heut müde gehet unter,
Hebt sich morgen neugeboren.
15 Manches bleibt in Nacht verloren -
Hüte dich, bleib wach und munter!

Quelle: http://anthologie.de/002.htm, Zugriff: 29.11.2008

---

[1] Eichendorff verwendet das „Reh" meist als Kosename für die Geliebte.

■ *Beantworten Sie folgende Fragen in Stichpunkten:*
  ● *Welche Wirkung hat das Gedicht auf den Leser, welche Atmosphäre wird erzeugt?*
  ● *Welches Thema wird in dem Gedicht aufgegriffen?*
  ● *Welche Form (Strophenaufbau, Reimschema, Kadenzen) verwendet Eichendorff?*
  ● *Welche Sprache (rhetorische Mittel) verwendet Eichendorff? Welche Symbolik greift er auf?*
  ● *Welche Gesamtaussage wird mithilfe des Gedichtes transportiert?*
  ● *Welche Aspekte der romantischen Idee greift Eichendorff in seinem Gedicht auf?*

■ *Verfassen Sie nun, ausgehend von Ihren Stichpunkten, eine ausführliche Gedichtinterpretation. (Hilfen: Arbeitsblätter 3 a/b und 6)*

Anleitung für einen Schreibplan

Bevor man mit dem Schreiben beginnt, sollte man einiges an Vorarbeit geleistet haben. Das erleichtert die Ausarbeitung schriftlicher Textsorten, denn die Thematik wird durch das **Konzept** vorstrukturiert und Ideen werden gebündelt.

Folgendes sollte man bei der Erstellung eines Konzeptes berücksichtigen:

1. Verwenden Sie ein Extrablatt (= Schmierblatt), auf dem Sie Ihr Konzept erstellen können.
2. Notieren bzw. markieren Sie sich während des ersten Lesens Ihre Eindrücke in Bezug auf Inhalt, Form und Sprache des jeweiligen Textes.
3. Greifen Sie diese Aspekte entweder in einem Cluster oder in einer Tabelle etc. auf. Es kommt ganz darauf an, wie Sie Ihre Inhalte am besten strukturieren können.
4. Erstellen Sie sich nun einen Rahmen (= entspricht der Gliederung der Ausarbeitung), in den Sie die verschiedenen Aspekte einordnen können. Dieser Rahmen kann jederzeit ergänzt werden, wenn Sie neue Ideen haben.
5. Erst wenn diese Teilschritte abschlossen sind, sollte man mit dem eigentlichen Schreiben beginnen. Vorteile dieses Verfahrens sind:
   - Die Gedanken werden geordnet, Ansätze/Ideen werden notiert und können nicht vergessen werden.
   - Das Konzept kann immer erweitert werden.
   - Eine chaotische schriftliche Ausarbeitung wird vermieden, weil man die Inhalte vorstrukturiert hat.

Beim **Aufbau einer Gedichtinterpretation** sollten folgende Aspekte beachtet werden:

EINLEITUNG

- Einleitungssatz (Titel, Autor, Textsorte, Thema)
- evtl. epochale und/oder biografische Bezüge
- evtl. Arbeitshypothese oder erster Eindruck/Wirkung

HAUPTTEIL

- kurze (strophenweise) inhaltliche Wiedergabe
- äußere Form (Strophenaufbau, Reimschema, Kadenzen)
- Sprache (rhetorische Mittel, Satzbau, Wortwahl)

Gerade im Hauptteil ist es wichtig, dass die formalen und sprachlichen Aspekte nicht einfach nur aufgelistet werden. Sie müssen auch gedeutet werden. Dabei sollten folgende Leitfragen berücksichtigt werden:

- Welche Wirkung erreicht der Autor durch das verwendete formale, sprachliche Mittel?
- Wie stehen die Gestaltungselemente miteinander in Beziehung?
- Inwieweit unterstützen Form und Sprache die Aussage des Gedichts?

SCHLUSS

- Zusammenfassung der wichtigsten Ergebnisse
- Gesamtdeutung
- ggf. Rückgriff auf Einleitung (vgl. Arbeitshypothese, Eindruck/Wirkung)
- ggf. Einordnung in einen größeren Zusammenhang (Epoche, Biografie, politischer, geistesgeschichtlicher Kontext)
- evtl. eigene Stellungnahme/Wertung

Interpretationsansatz zu Eichendorffs Gedicht „Zwielicht"

„… Die eigentliche Bedrohung des Menschen kommt ja nicht von außen, sondern aus der eigenen Sphäre. Die Übermacht irrationaler Triebkräfte und Wünsche, die Übermacht der Angst leiten das Subjekt in
5 die Irre. Deshalb gilt es vor allem, die Verführbarkeit zu erkennen, um ihr mit hellem Verstand und festem Vertrauen auf Gott zu begegnen. Darin liegt der Aussagesinn des Gedichtschlusses „bleib wach und munter!", auch wenn hier vom Glauben nicht die Rede
10 ist. […] Insofern dichtet Eichendorff aus dem Wissen von der emotionalen, subjektivistischen Erlebnisfülle des Romantischen, die ihn selbst fasziniert. Aber mit seinem Appell zu kritischer Wachsamkeit setzt er dem unkontrollierten Irrationalismus eine geradezu aufklärerische Warnung entgegen. […] Es spricht der 15 Romantiker eine Warnung vor dem Romantischen aus."

Aus: Kurt Binnenberg: Interpretationshilfen. Deutsche Lyrik. Von der Klassik bis zur Romantik. Stuttgart 1995, S. 18⁻ f. © Ernst Klett Verlag GmbH, Stuttgart 2010

■ *Geben Sie die Aussagen des Rezensenten mit eigenen Worten wieder.*

■ *Erörtern Sie die Stichhaltigkeit des vorliegenden Interpretationsansatzes.*

Die Umsetzung der romantischen Idee in Gedichten (Grundfolie)

	Eichendorff „Das zerbrochene Ringlein"	Eichendorff „Sehnsucht"	Eichendorff „Abschied"	Brentano „Sprich aus der Ferne"
Thema				
Motive, Symbole				
Eigenheiten				
Wirkung				

■ *Erarbeiten Sie das Thema, die Motive/Symbole, Eigenheiten (Auffälligkeiten bei der inhalt-lichen, sprachlich-stilistischen Umsetzung) sowie die Wirkung des Ihnen zugeteilten Gedichtes. Halten Sie Ihre Ergebnisse in Stichpunkten auf den Folienschnipseln fest. Präsentieren Sie anschließend Ihre Ergebnisse in einem Kurzvortrag.*

Die Umsetzung der romantischen Idee in Gedichten – Lösung

	Eichendorff „Das zerbrochene Ringlein"	Eichendorff „Sehnsucht"	Eichendorff „Abschied"	Brentano „Sprich aus der Ferne"
Thema	unerfüllte Liebe bzw. Untreue: Reaktion des lyrischen Ichs auf die Situation (innere Verfassung)	Kreislauf der nie endenden Sehnsucht, Wunschvorstellung einer nicht existierenden Idylle	Abschied des lyrischen Ichs von der Natur, Fassade einer Scheinrealität	Erkenntnis einer „heimlichen" Welt durch die Betrachtung der Sterne, Wunsch nach der Überwindung alles Trennenden
Motive, Symbole	Mühlenrad (Unendlichkeit, weiterlaufendes Leben) Ring (Anfang, Ende der Liebe) Sehnsucht, Todessehnsucht	Sehnsucht (Nacht bzw. Mondschein, Fenstersituation, Ruf des Posthorns, Wandern, Musik) Natur Rom/Italien (Land der Kunst und Musik), bleibt letztlich unbestimmt	Natur/Wald als Zufluchtsort (wahrer Sinn des Lebens)	Nacht (als Ruhepol und Gefährdung) Traum, Zauber
Eigenheiten	volksliedhaft (einfache Sprache, dreihebiger Jambus) Geschlossenheit (erste und letzte Strophe bilden einen Bogen) Bildhaftigkeit (Symbole, Personifikationen)	Liedcharakter symbolische Fülle Gegenüberstellung (Enge des Zuhauses vs. Entgrenzung durch die Wanderschaft)	volksliedhaft (einfache Sprache, dreihebiger Jambus) Gegenüberstellung (Weite der Natur vs. Enge der hektischen Alltagswelt) Gottesbezug Bildhaftigkeit	erinnert an Zauberformel starke Bildhaftigkeit Konditionalgefüge religiöse Züge Vermischung der Eindrücke (Synästhesie) Kontrasthaftigkeit
Wirkung	leicht eingängig einfühlsam	leicht eingängig einfühlsam	leicht eingängig einfühlsam	leicht eingängig magische Atmosphäre

Die Umsetzung der romantischen Idee in Gemälden (Grundfolie)

C. D. Friedrich „Mann und Frau den Mond betrachtend"	C. D. Friedrich „Wanderer über dem Nebelmeer"
Thema	
Komposition	
Symbolik	
Atmosphäre	

■ *Erarbeiten Sie das Thema, die Komposition, die Motive/Symbole und die Atmosphäre des Ihnen zugeteilten Bildes. Halten Sie Ihre Ergebnisse in Stichpunkten auf den Folienschnipseln fest. Präsentieren Sie anschließend Ihre Ergebnisse in einem Kurzvortrag.*

Die Umsetzung der romantischen Idee in Gemälden – Lösung

C. D. Friedrich „Mann und Frau den Mond betrachtend"	C. D. Friedrich „Wanderer über dem Nebelmeer"
Thema	
vgl. Titel des Bildes (Nacht, Mondenschein als besondere Zeit der Verbundenheit, der Mensch in der ihn umschließenden Natur)	vgl. Titel des Bildes (schemenhafte Darstellung eines Gebirges, über das der Mensch blickt)
Komposition	
Rückenfiguren (der Betrachter nimmt deren Perspektive ein)	Rückenfigur (der Betrachter nimmt seine Perspektive ein)
erhöhter Standort der Figuren, Blick auf den unter ihnen liegenden Mond	Blick in die Weite
Größe der Natur (mächtiger Stamm des Baumes)	Größe und Macht des Naturschauspiels
Symbolik	
Natur	Sehnsucht
Nacht, Mondschein	Natur, Nebel (deckt die „andere" Welt zu)
Mensch gerät an eine Grenze (Abgrund)	Mensch gerät an eine Grenze (Abgrund)
Atmosphäre	
geheimnisvoll, verbindend	melancholisch, sehnsüchtig

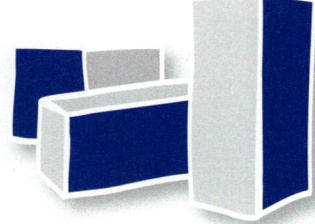

Erste Leseeindrücke

Im Rahmen dieses Bausteins findet die Erstbegegnung der Schülerinnen und Schüler mit der Erzählung statt. Um ein möglichst breites Identifikationsangebot zu machen, findet sich neben der bekannten Themenstrukturierung auch eine kreative Zugriffsmöglichkeit (Bild- und/oder Textcollage) sowie die Annäherung in Form der Bildbetrachtung. Die Hauptthemenfelder der Erzählung werden benannt und dienen als Strukturierungshilfe für die Weiterarbeit.

2.1 Titelassoziationen in Form eines „Blitzlichtes" und anschließende Strukturierung der Hauptthemen

Material: Plakatrolle, Tesafilm, Eddings
Vor der eigentlichen Erzählung steht die Titelassoziation, damit die Schülerinnen und Schüler völlig unvoreingenommen ihre Gedanken äußern können. Das Geäußerte kann entweder an der Tafel, auf Folie oder auf einem Plakat in der Form eines Ideensterns (= Sammeln um einen Knotenpunkt) mitnotiert werden. Praktisch an der Folie und an dem Plakat ist, dass die Ergebnisse zu einem späteren Zeitpunkt nochmals auch visuell herangezogen werden können. Die Ergebnisse können von den Schülerinnen und Schülern selbst notiert werden, indem sie nach vorne kommen. **Alternativ** kann auch ein Schüler oder die Lehrperson die Einzeläußerungen festhalten.
Um die Ergebnisse möglichst breit ausfallen zu lassen, empfiehlt es sich, den Begriff zu teilen: Marmor und Bild.

■ *Äußern Sie spontan Gedanken, die Sie mit den Begriffen „Marmor" und „Bild" verbinden.*

Folgende Aspekte könnten von den Schülerinnen und Schülern genannt werden:

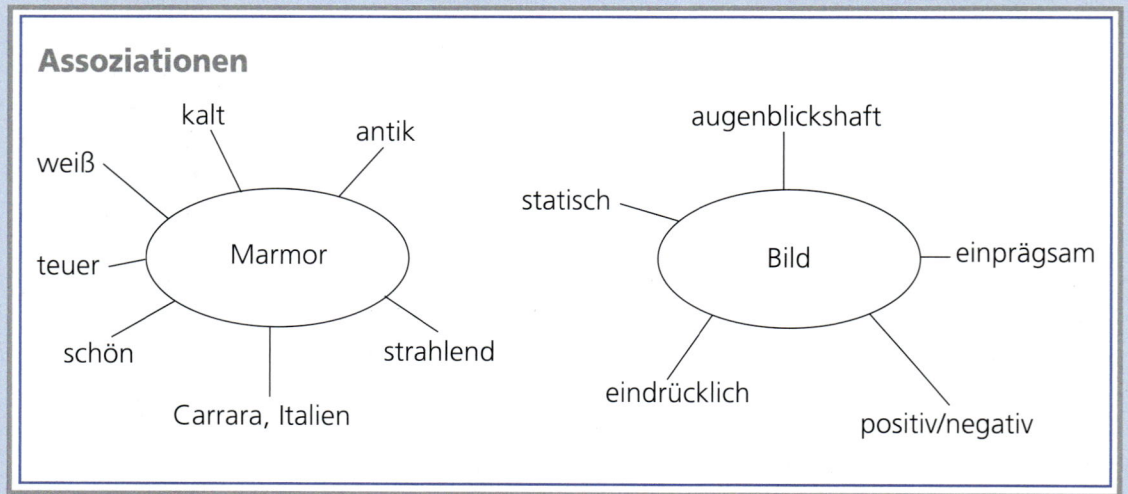

In einem weiteren Schritt sollen die Schülerinnen und Schüler im Rückgriff auf die ersten Spontanäußerungen Vermutungen über den möglichen Handlungsverlauf einer Geschichte äußern, die den Titel „Das Marmorbild" trägt.

> ■ *Stellen Sie Vermutungen darüber an, wie der Plot (= Handlungsverlauf) einer Geschichte, die den Titel „Das Marmorbild" trägt, gestaltet sein könnte. Halten Sie Ihre Ergebnisse in Stichpunkten schriftlich fest.*

Da es sich um eine kreative, sehr subjektiv zu lösende Aufgabe handelt, sollten der Fantasie keine Grenzen gesetzt sein. Die Schülerinnen und Schüler können selbstverständlich auf die zuvor erarbeiteten Stichpunkte zurückgreifen oder sich davon lösen.

Als **Zusatzaufgabe** bietet es sich für besonders schreibwillige Schülerinnen und Schüler an, ihre Stichpunkte in häuslicher Arbeit auszubauen und eine Geschichte zu konstruieren. Sollte **Baustein 1** (Überblick über die Epoche der Romantik) bereits behandelt worden sein, kann die Schreibaufgabe um das Wissen über dieselbe erweitert werden. Die eigenen Schreibversuche könnten vor (= Variante 1) oder nach (= Variante 2) der Besprechung der Erzählung Eichendorffs vergleichend gegenübergestellt werden. Der Vorteil von Variante 1 liegt darin, dass eine unvoreingenommene Textbegegnung stattfindet. Im Gegensatz dazu sind die Schülerinnen und Schüler nach der Besprechung ganz anders in der Lage, die thematische Umsetzung und die Form der Erzählung zu bewerten.

> ■ *Gestalten Sie Ihre Stichpunkte zu einer vollständigen Erzählung aus. (Berücksichtigen Sie dabei Ihr Hintergrundwissen über die Epoche der Romantik.) Wer möchte, kann sein ‚Werk' auf freiwilliger Basis vorstellen, um es mit Eichendorffs Entwurf vergleichen zu können.*

Nachdem die Vermutungen geäußert wurden – dafür eignet sich z. B. ein Rundgespräch –, sollte der Vergleich mit Eichendorffs „Das Marmorbild" erfolgen. Da der Umfang der Erzählung sehr überschaubar ist, können sich die Schülerinnen und Schüler schnell einen Überblick verschaffen. So bietet es sich z. B. an, „Das Marmorbild" für die nächste Stunde unter den bisherigen Eindrücken kritisch zu lesen.
In dem sich anschließenden Erstgespräch geht es nun darum, die zuvor geäußerten eigenen Vorstellungen und Gedanken mit Eichendorffs Umsetzung zu vergleichen. Um während der Besprechung immer wieder auf die Schülerimpulse zurückgreifen zu können, sollten die Schülerinnen und Schüler ihre Eindrücke auch schriftlich für eine Plakatwand formulieren. Dafür erhalten sie zwei Karteikarten (vgl. **Arbeitsblatt 10**, S. 45), die nach einer kurzen Stillarbeitsphase auf Plakat gesichert werden.

> ■ *Vergleichen Sie Ihre Gedanken etc. mit der Umsetzung Eichendorffs. Welche Aspekte/Themen erschienen Ihnen beim Lesen interessant und warum? Welche Fragen haben sich Ihnen gestellt, die Sie gerne an Eichendorff richten würden? Halten Sie jeweils einen Aspekt/ein Thema (Begründung erfolgt mündlich) und eine Frage an Eichendorff schriftlich auf den vorliegenden Karteikarten fest.*

Die Strukturierung der Karten bei der anschließenden Präsentation kann auch von einer Schülerin/einem Schüler übernommen werden. (So könnten z. B. die Karten einem Überbegriff, der angeschrieben wird, zugeordnet werden. Mehrfachnennungen könnten oberste Priorität erhalten.) Durch die Strukturierung kristallisieren sich erste Hauptthemen der Erzählung heraus. Die Fragen der Lerngruppe können während der Behandlung des Stoffes immer wieder aufgegriffen werden.

Die Plakatwand könnte z. B. folgende Aspekte enthalten:

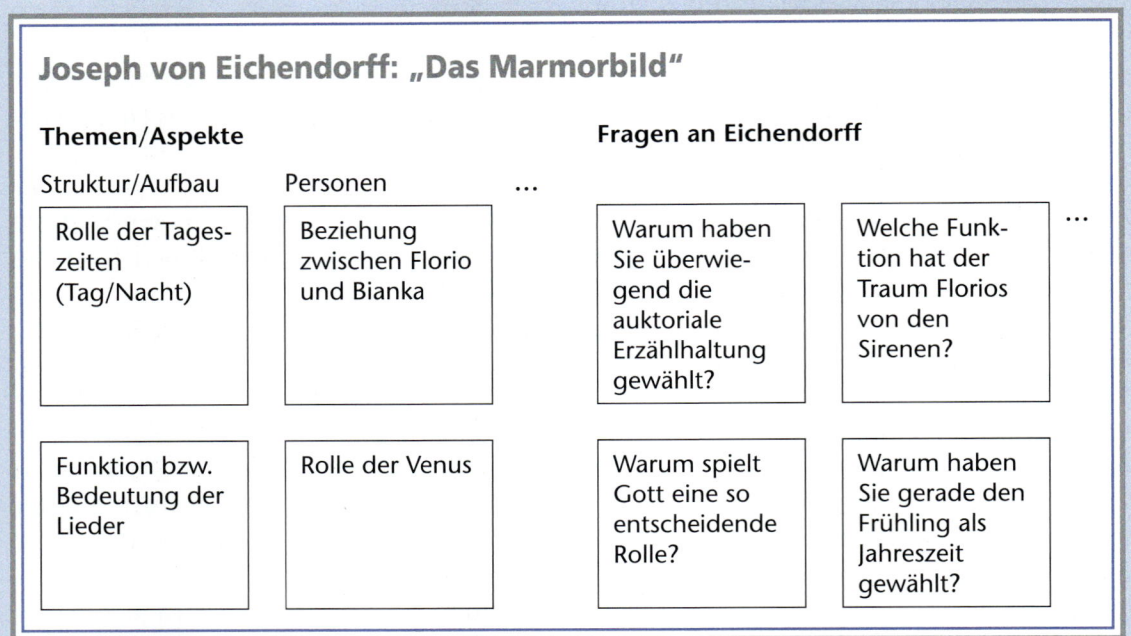

Insgesamt sollten sich folgende Aspekte herauskristallisieren:

Struktur/Aufbau: Handlungsstruktur, Dauer der Handlung, Form (Märchen oder Novelle?), Bedeutung von Tag/Nacht, Funktion der Lieder

Personen: Donati, Fortunato, Funktion der Gegensätzlichkeit: Schein und Sein (Venus-Bianka, Donati-Fortunato), Entwicklung Florios, Beziehung zwischen Florio und Bianka

Romantische Motive: Landschaften/Natur (literarische Topografie), Tageszeiten, Liebe, Traum, Religion, Dichtung/Musik, Mittelalter vs. Antike, Reisen

Erzählweise/Sprache: Satzkonstruktionen, Erzählhaltung, Rolle der Adjektive

Sollten bestimmte Aspekte nicht von den Schülerinnen und Schülern genannt werden, müssen diese nicht unbedingt von der Lehrperson vorgegeben werden. Im Laufe der Besprechung können die noch fehlenden eingeflochten werden.

Nach der Besprechung der Erzählung bietet es sich an, in die Rolle des Schriftstellers Eichendorff zu schlüpfen – dabei kann unter Umständen seine Biografie (s. Anhang der Textausgabe, S. 50–53) herangezogen werden. Die zuvor geäußerten Schülerfragen (s. o.) können nun als Gesamtüberblick kompetent beantwortet werden. Dabei sollte pro Schüler jeweils eine Frage beantwortet werden. Welche das ist, kann freigestellt werden. Die Schwierigkeit besteht nicht nur in der Perspektivübernahme, sondern auch darin, den Gesamtüberblick über den Stoff nicht zu verlieren und die zuvor im Unterricht besprochenen Aspekte zusammenhängend einzubringen. Als Vorlage für den Antwortbrief Eichendorffs bietet sich **Arbeitsblatt 11** (S. 46) an.

    ■ *Versetzen Sie sich in die Rolle des Schriftstellers Eichendorff. Beantworten Sie eine Frage von der Plakatwand ausführlich. Lassen Sie Ihr neues Fachwissen über die Erzählung in Ihre Antwort einfließen.*

Hinweis: Baustein 5.1 dient als Abschluss der Besprechung der Erzählung und bezieht ebenso die Reflexion der behandelten Inhalte mit ein.

2.2 Bild- und/oder Zitatencollage mit thematischen Schwerpunkten

Material: Zeitschriften etc., Schere, Kleber, Eddings, DIN-A3-Blätter

Als kreativer Einstieg ins Thema bietet es sich an, die Schülerinnen und Schüler nach der Erstlektüre eine thematische Bildcollage erstellen zu lassen. Dadurch müssen sie sich automatisch auf die inhaltlichen Themenschwerpunkte (Florio und seine Entwicklung, Florios Liebe zu Bianka, die Gegensätzlichkeit der Figuren) konzentrieren. Da nicht alle Schülerinnen und Schüler gleichermaßen künstlerisch tätig werden können oder wollen, sollte man ihnen alternativ die Möglichkeit der Zitatencollage anbieten. Vorbereitend können entweder die Schülerinnen und Schüler informiert werden, dass sie für die Einstiegsstunde verschiedene Zeitungen, Zeitschriften, Werbeprospekte etc. mitbringen, oder die Lehrperson besorgt das Material.

■ *Erstellen Sie eine Collage, in der Sie die für Sie wichtigen Themen der Erzählung „Das Marmorbild" verdeutlichen. Arbeiten Sie entweder mit Bildern, die Sie aus Zeitschriften etc. entnehmen können, oder konzentrieren Sie sich auf die Ihrer Meinung nach aussagekräftigsten Zitate. Selbstverständlich können Sie auch eine Mischform beider Möglichkeiten wählen.*

Nach der Fertigstellung der Collagen können sich die Schülerinnen und Schüler durch einen Museumsgang (= alle Collagen werden auf die Tische gelegt und die Schüler gehen wie in einem Museum umher und schauen sich die Arbeiten an) einen ersten Überblick verschaffen. Anschließend können die einzelnen Arbeiten im Rundgespräch – für eine kleinere Lerngruppe am besten ein Sitzkreis – vorgestellt werden. Wichtig ist, dass die Schülerinnen und Schüler ihre Auswahl inhaltlich begründen können. Im **Zusatzmaterial 3** (S. 115 f.) finden sich weitere alternative kreative Zugangsmöglichkeiten: Wörterwolke, Haiku, Akrostichon. Im Rundgespräch werden sich automatisch die wichtigsten Themenfelder der Erzählung (vgl. S. 42) herauskristallisieren, die von einem Anwesenden, der vorher als Protokollant bestimmt wurde, notiert werden sollten. Im weiteren Verlauf kann sich die Lehrperson mit der Lerngruppe darauf verständigen, mit welchem Themenfeld der Erzählung begonnen werden soll.

2.3 Bildimpuls

Als weitere Möglichkeit bietet sich der Bildeinstieg an. Hier wurde bewusst modernes Material gewählt, um den Schülerinnen und Schülern den Zugang nach der Erstlektüre zu erleichtern. Gleichzeitig soll anhand dieses Materials der Spagat zwischen den Jahrhunderten vollzogen und somit die bleibende Aktualität der Liebes- bzw. Adoleszenzthematik aufgezeigt werden.

Die vorliegenden Bilder (s. **Arbeitsblatt 12a und 12b**, S. 47 f.) werden auf Folie gezogen und nacheinander aufgelegt und erarbeitet. Alternativ kann natürlich auch nur eines der Bilder als Impuls verwendet werden. Anschließend erfolgt die Zusammenfassung und Übertragung auf die Erzählung „Das Marmorbild". Als Impulse kann die Lehrperson folgende Arbeitsaufträge bei der Bildbetrachtung geben:

Bild 1:

■ *Beschreiben Sie das Bild. Achten Sie auf Auffälligkeiten/Besonderheiten.*

■ *Erläutern Sie, inwieweit man das Pärchen als Liebespaar identifizieren kann.*

Bild 2:
Sollte den Schülerinnen und Schülern die Twilight-Saga unbekannt sein, können sie über einen kurzen Lehrervortrag ins Bild gesetzt werden: Bella ist eine Higschoolschülerin, die erst kürzlich zu ihrem Vater umgezogen ist. An der neuen Schule trifft sie auf den Sonderling Edward, der sich als Mitglied einer Vampirfamilie entpuppt und bewusst alle Menschen, die ihm am Herzen liegen, auf Abstand hält. Beide verlieben sich ineinander. Immer wieder geht es darum, dass Edward seine vampirischen Triebe wegen seiner reinen Liebe zu Bella unter Kontrolle bringen muss.

- *Beschreiben Sie den Moment des Zusammentreffens zwischen Bella und Edward.*

- *Erklären Sie, inwieweit dieser Moment die „Liebe auf den ersten Blick" widerspiegeln könnte.*

Zu erwarten sind folgende Aspekte bei der Bildbetrachtung:

Bild 1: Das Paar umarmt sich, wobei ganz klar der Eindruck entsteht, dass die Frau eher am Mann hängt. Er scheint die Gefühlsbekundung seiner Freundin zu genießen und wirkt sehr selbstsicher (Körperhaltung, Gesichtsausdruck), sie versinkt in der Umarmung (geschlossene Augen).

Bild 2: Sie liegt und stützt sich mit den Armen ab, er hat sich ihr von oben genähert. Obwohl sie scheinbar Musik hört, ist sie wie hypnotisiert. Beide scheinen wie voneinander hingerissen zu sein und haben keine Augen mehr für die sie umgebende Wirklichkeit.

Nachdem die Grundgegebenheiten der Bilder im Unterrichtsgespräch erarbeitet worden sind, erfolgt die Übertragung auf die Novelle.

- *Stellen Sie eine Verbindung zur Liebesgeschichte in der Novelle zwischen Bianka und Florio her.*

Bianka und Florio nähern sich immer wieder einander an, verlieren sich dann aber wieder aus den Augen. Ebenso wie bei Bild 1 scheint beim Zusammentreffen beider eine Verbundenheit zu sein, die aber seitens Florio bis zum Schluss übergangen wird (Überheblichkeit des Mannes). Bianka trifft diese Tatsache sehr und sie zieht sich zurück. Seine sexuellen Vorstellungen projiziert Florio auf Venus, sodass die „reine" Liebe (vgl. Bella und Edward) mit Bianka am Ende der Novelle gelebt werden kann. Ebenso wie bei Bild 2 sind beide bei ihrem ersten Zusammentreffen voneinander fasziniert. Darüber hinaus kann der hypnoseartige Zustand des zweiten Bildes auch auf die Beziehung Florio – Venus übertragen werden.

Ausgehend von der Liebesgeschichte in „Das Marmorbild" sollten anschließend in Partnerarbeit weitere wichtige Themenfelder gesammelt werden. Diese können im Plenum vorgetragen und gegenseitig ergänzt werden.
Die Lehrperson oder alternativ ein vorher festgelegter Protokollant sollte die Arbeitsergebnisse auf einer Folie festhalten (vgl. S. 42). Die Ersteindrücke können dadurch die Besprechung begleiten, indem die Folie zur Orientierung immer wieder aufgelegt wird.

Vorlagen für die Kartenabfrage (Erstgespräch)

✂ | Thema/Aspekt:

✂ | Frage an Eichendorff:

■ *Vergleichen Sie Ihre Gedanken etc. mit der Umsetzung Eichendorffs. Welche Aspekte/Themen erschienen Ihnen beim Lesen interessant und warum? Welche Fragen haben sich Ihnen gestellt, die Sie gerne an Eichendorff richten würden? Halten Sie jeweils einen Aspekt/ein Thema (Begründung erfolgt mündlich) und eine Frage an Eichendorff schriftlich auf den vorliegenden Karteikarten fest.*

Eichendorff antwortet ...

Verehrteste (r).

Ihrer Frage nach zu urteilen, haben Sie meine kleine Erzählung gelesen. Gerne möchte ich Ihre Frage aufgreifen ...

■ Versetzen Sie sich in die Rolle des Schriftstellers Eichendorff. Beantworten Sie eine Frage von der Plakatwand ausführlich. Lassen Sie Ihr neues Fachwissen über die Erzählung in Ihre Antwort einfließen.

Modernes Liebespaar (Folie)

■ *Beschreiben Sie das Bild. Achten Sie auf Auffälligkeiten/Besonderheiten.*

■ *Erläutern Sie, inwieweit man das Pärchen als Liebespaar identifizieren kann.*

Szenenfoto aus dem Vampirfilm „Twilight": Edward und Bella (Folie)

■ Beschreiben Sie den Moment des Zusammentreffens zwischen Bella und Edward.

■ Erklären Sie, inwieweit dieser Moment die „Liebe auf den ersten Blick" widerspiegeln könnte.

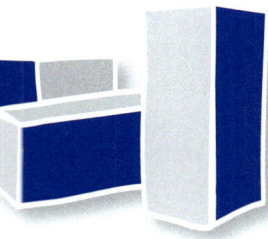

Die Personen

Das Interessante an der Konzeption der Figuren ist deren Gegensätzlichkeit. So lassen sich Kontrastpaare, die auch von den Schülerinnen und Schülern als solche identifiziert werden, um die Hauptperson Florio gruppieren. Dadurch ergibt sich eine symmetrische Personenkonstellation mit Florio in der Mitte (detaillierte Personenbeschreibung s. „Die Hauptpersonen", S. 10):

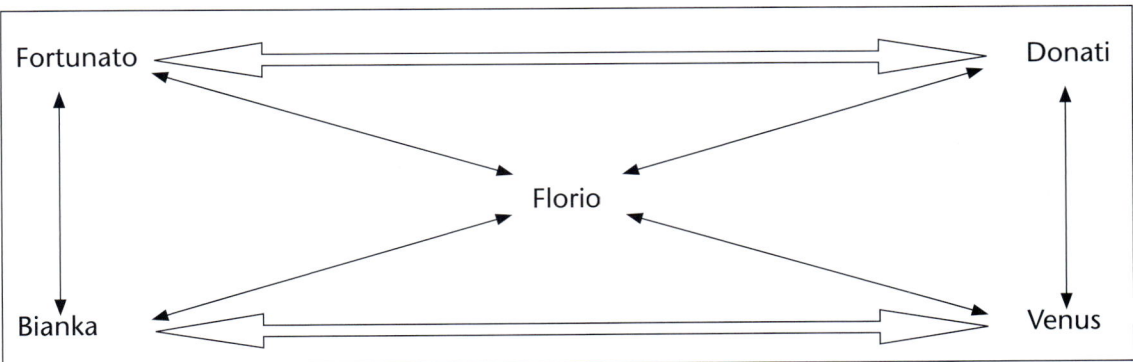

Eichendorff hat die Gegensätzlichkeit der Figuren bewusst konstruiert, um auf einer symbolischen Ebene den Dualismus von christlich geprägtem Mittelalter und heidnisch dominierter Antike zu versinnbildlichen. Dabei präsentiert der Autor ein idealisiertes Bild des Mittelalters, das durch Gemeinschaft, Lebensfreude, Liebe, den Hang zur Natur und Sangeskunst gekennzeichnet ist. Die gemeinsame Basis und einende Kraft dieser Menschen stellt der Glaube an Gott dar. Demgegenüber stellt Eichendorff die Antike als Kontrastepoche heraus, die zum Untergang verurteilt ist.

In diesem Baustein geht es darum, die vordergründige Personenzeichnung zu erarbeiten und in einem weiteren Schritt hinter die Dinge zu blicken, um so die tiefere, symbolische Ebene zu erkennen.

3.1 Die Einführung der Personen in die Handlung

Da die Konstellation der Personen von Eichendorff eindeutig angelegt ist, erübrigt sich in diesem Fall die Erarbeitung der Beziehung zueinander in einer Konstellationsskizze. Viel interessanter erscheint hier der Aspekt der Einführung, da Eichendorff bereits dadurch bestimmte Stimmungen an das Auftreten/den Charakter einer Person knüpft. Im Grunde genommen bleiben diese nämlich bis auf Florio gleich, der sich innerhalb der Novelle verändert.

In einer ersten Annäherung wird die Einführung der Personen in die Handlung erarbeitet. Damit die Arbeit etwas erleichtert wird, sollten die Personen der Novelle gleichmäßig auf die Lerngruppe aufgeteilt werden. Um die Schülerinnen und Schüler dafür zu sensibilisieren, sollen sie vorbereitend eine Melodie mitbringen, die die ihnen zugeteilte Person thematisch ankündigen könnte. Die Musikauswahl sollen sie mithilfe der Textbasis begründen können.

■ *Stellen Sie sich vor, „Das Marmorbild" sollte für ein Hörbuch aufgenommen werden. Der Verlag sucht nach treffenden Erkennungsmelodien für die jeweiligen Personen. Sie bekommen eine der Hauptfiguren zugeteilt und müssen die Aufgabe für die nächste Teambesprechung überzeugend lösen. Suchen Sie die passende „Figurenmusik". Darüber hinaus müssen Sie Ihre Wahl bei der nächsten Teamsitzung nachvollziehbar begründen können.*

Jeweils ein Hörbeispiel pro Figur sollte präsentiert werden. Interessant wird es bei der mündlichen Begründung. Da die Besprechung als Teamsitzung konzipiert ist, sollte sich die Lehrperson hier völlig zurücknehmen und die Lerngruppe das Für und Wider diskutieren lassen. (Passende Musikbeispiele könnten z. B. sein: Venus (wechselhaft, klassisch, verführend, launisch …), Bianka (leicht, traurig, frühlingshaft, unschuldig, verliebt …), Fortunato (getragen, verbindend, unterstützend …), Donati (aufbrausend, wechselhaft, böse …), Florio (unschuldig, frühlingshaft, wechselhaft, verliebt …)

Nachdem die „musikalische" Einführung der Personen geklärt wurde, soll nun die „literarische" Einführung im Mittelpunkt stehen. Dafür erhalten die Schülerinnen und Schüler das **Arbeitsblatt 13**, S. 67, mit festgelegten Kategorien, um sich besser orientieren zu können. Zur schnelleren Bearbeitung bietet sich ein arbeitsteiliges Verfahren an. Die Ergebnisse können dann anschließend im Plenum ausgetauscht und ergänzt werden. Selbstverständlich kann das Arbeitsblatt aber auch in einer Stillarbeitsphase bearbeitet werden.

■ *Lesen Sie die angegeben Seiten in Ihrer Erzählung und sichten/unterstreichen Sie während des Lesevorgangs wichtige Aspekte, die zu den angegebenen Kategorien passen. Füllen Sie anschließend die Tabelle in Stichpunkten aus und formulieren Sie ein Fazit Ihrer Ergebnisse.*

Anschließend sollten die wichtigsten Erkenntnisse im Unterrichtsgespräch aufgegriffen werden und in ein Tafelbild münden. Das Tafelbild sollte vorstrukturiert werden. So kann die Lehrperson die Grundzüge vor der Stunde in der Mitte der Tafel notieren. Während der Stunde ist die Tafel zugeklappt und wird erst jetzt „geöffnet". Auf eine Überschrift wird bewusst verzichtet, da diese später von den Schülerinnen und Schülern als Gesamtergebnis des bisher Erarbeiteten genannt werden soll.
Vorstrukturierung des Tafelbildes:

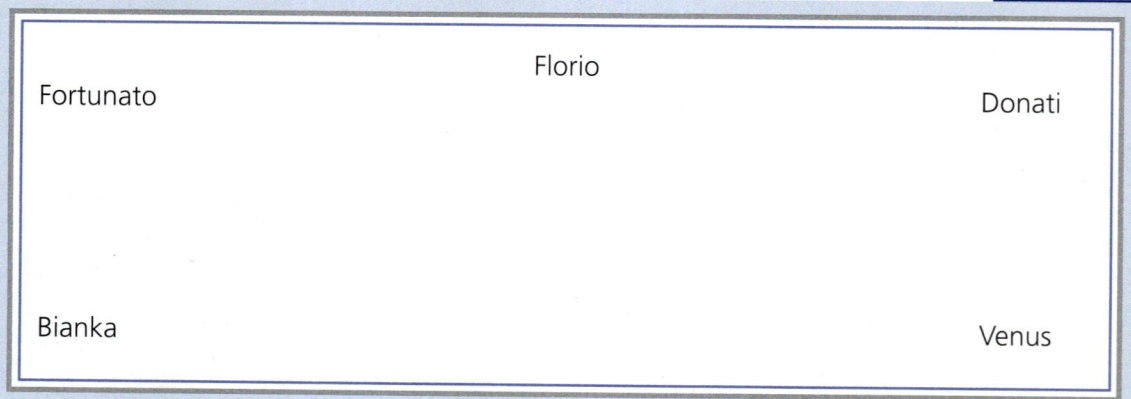

■ *Fassen Sie die wesentlichen Ergebnisse zusammen. Machen Sie Vorschläge für die Beschriftung und Kennzeichnung (Pfeile, Linien etc.) des vorliegenden Tafelbildes.*

■ *Formulieren Sie im Anschluss daran eine zusammenfassende Überschrift.*

Das zu erarbeitende Tafelbild könnte z. B. wie folgt gestaltet sein:

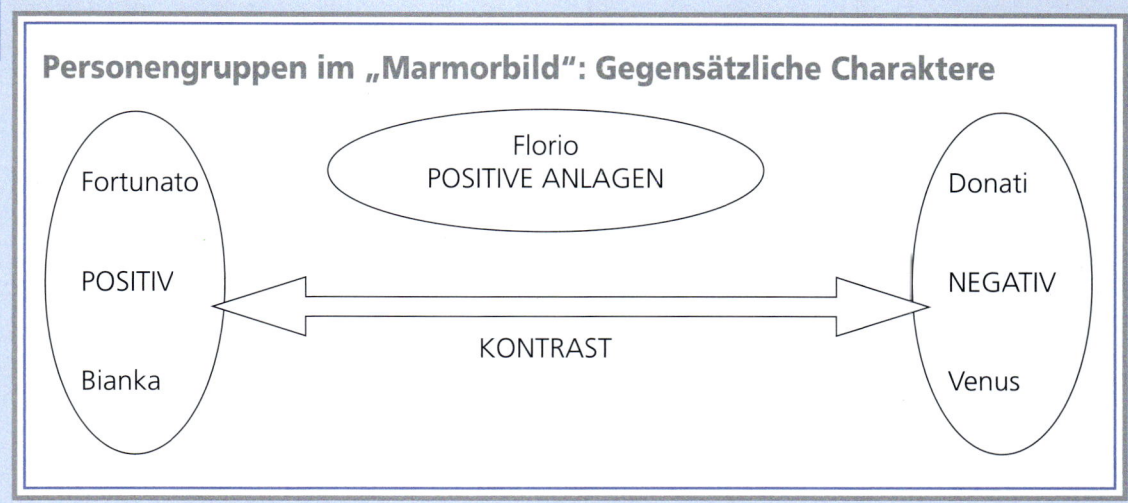

Personengruppen im „Marmorbild": Gegensätzliche Charaktere

Fortunato

Florio
POSITIVE ANLAGEN

Donati

POSITIV

NEGATIV

KONTRAST

Bianka

Venus

Ausgehend von der „Einführung der Personen" kann der weiterführende Aspekt der Entwicklung angesprochen werden.

■ *Erläutern Sie, ob die Personen dieser „Einführung" treu bleiben. Inwieweit verändern sie sich/sich nicht Ihrer Meinung nach?*

Bei der Beantwortung dieser Frage im Unterrichtsgespräch sollte grundsätzlich festgestellt werden, dass sich bis auf Florio alle Personen selbst treu bleiben und sich keine größeren Veränderungen hinsichtlich ihrer Einführung ergeben. Allenfalls Bianka wirkt am Ende der Erzählung aufgrund der Erlebnisse reifer. Um die beginnende Veränderung Florios für die Schülerinnen und Schüler greifbarer zu machen, sollen sie sich mit den zwei Kernstellen auseinandersetzen.

■ *Lesen Sie die Seiten 16 (Z. 4–12) und 17 (Z. 21–29).*

■ *Unterstreichen Sie …*
  ● *inhaltliche Aspekte, die auf eine Abweichung von Florios „Normalität" hinweisen.*
  ● *sprachliche Auffälligkeiten, die zeigen, wie Eichendorff dies literarisch umgesetzt hat.*

Florio ist der Einzige, der aus dem Raster herausfällt. Dies wird insbesondere in seiner ersten Nacht in der Herberge deutlich (S. 17, Z. 21–29). Kurz bevor er Venus zum ersten Mal begegnet, löst er sich bereits von seinem ersten Ich und damit von seiner ersten Verliebtheit zu Bianka. Stattdessen sucht er nach etwas Größerem, nach etwas, das seine erwachte Sehnsucht stillen kann. Sein Abweichen vom „rechten Pfad" kündigt sich auch bereits durch den Sirenentraum (S. 16, Z. 4–12) an (Näheres dazu s. Baustein 3.2.1, S. 52 ff.). Sprachlich leitet der Konjunktiv den vorausdeutenden Unheilstraum ein. Wiederholungen, hypotaktische Konstruktionen und bedeutungsstarke Adjektive („wunderbar", S. 16, Z. 9; „wundersam", S. 17, Z. 28) unterstreichen die Intensität der Erlebnisse. Eichendorff schafft es in nur einem Satz (S. 17, Z. 24–29), die bisherigen Ereignisse zusammenfassend bzw. wiederholend zu verdichten und Florios Abweichen vom rechten Weg offensichtlich anzuzeigen. Indem Eichendorff die Veränderung Florios auf zwei Ebenen (Fiktion/Traum und Realität) beschreibt, deutet sich hier bereits eine erste Vermischung dieser Bereiche an.

Die Ergebnisse der Stillarbeitsphase sollten im Unterrichtsgespräch aufgegriffen werden und in ein zusammenfassendes Tafelbild münden.

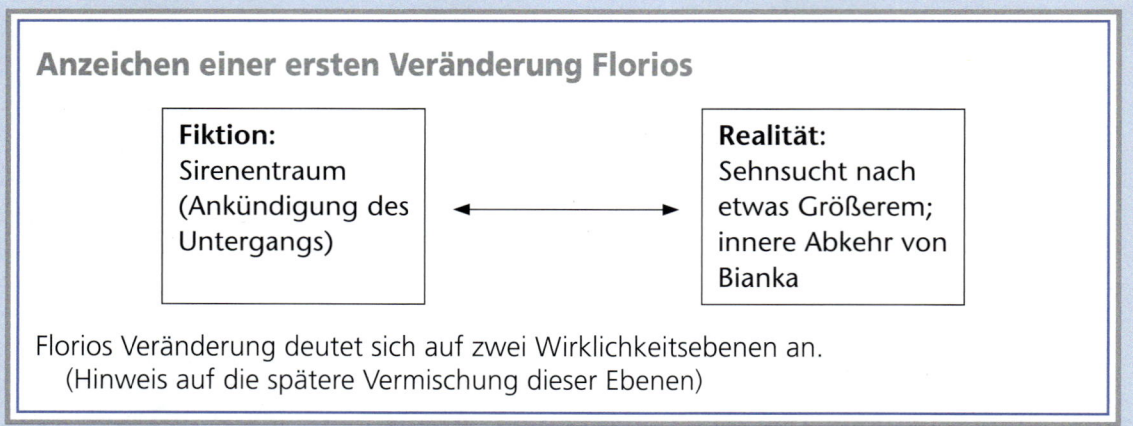

Anzeichen einer ersten Veränderung Florios

Fiktion:		Realität:
Sirenentraum (Ankündigung des Untergangs)	⟷	Sehnsucht nach etwas Größerem; innere Abkehr von Bianka

Florios Veränderung deutet sich auf zwei Wirklichkeitsebenen an.
(Hinweis auf die spätere Vermischung dieser Ebenen)

Da diese Eckpunkte den Beginn von Florios Entwicklung kennzeichnen, ist es notwendig, sich seine Wandlung im Verlauf der Erzählung gesondert anzuschauen (s. Baustein 3.2.1). Eine vertiefende bzw. weiterführende Aufgabe am Ende dieses Abschnitts könnte lauten:

■ *Erstellen Sie ein Standbild/eine Statue der jeweiligen Person, durch das/durch die Sie deren grundsätzliche Haltung deutlich machen. Erläutern Sie Ihre „Konstruktion".*

3.2 Florio und seine Entwicklung

3.2.1 Florios Wandlung im Verlauf der Novelle

Dieser Teilaspekt wurde bereits durch die „Einführung der Personen" vorbereitet. Als Hinführung auf die Thematik dient das Textzitat des Sirenentraums (s. **Arbeitsblatt 14**, S. 69). Florio hat sich nach dem rauschenden Fest in seine Herberge begeben und kann ob der vielen Eindrücke nicht schlafen. Er findet schließlich in einen unruhigen Schlafzustand und scheint zwischen Realität und Fiktion zu schweben. Bereits durch die Symbolik des Traums wird die Venusverführung vorweggenommen und Florios drohender Untergang prophezeit. Der Traum hat also vorausdeutende Funktion. Der einzige Unterschied zwischen Novellenhandlung und Traum ist, dass es Florio durch sein Gottvertrauen schafft, den Fängen der Venus zu entkommen und sich zu emanzipieren. Dadurch findet er zu seiner wahren Liebe Bianka zurück.

■ *Betten Sie das vorliegende Zitat in den Handlungskontext ein. Stellen Sie Vermutungen darüber an, welche Funktion der Traum für den weiteren Handlungsverlauf haben könnte.*

■ *Erläutern Sie in einem zweiten Schritt, inwieweit der Traum von der Realität, hier dem tatsächlichen Novellenausgang, abweicht.*

Vertiefend zu diesem Themeneinstieg kann das Material im Anhang der Textausgabe (S. 77 f.) „Die Bedeutung des Traumes für die Romantiker" genutzt werden. **Alternativ** zur hier vorgeschlagenen Einzelarbeit kann zuvor ein „Experte" mit der Durchsicht der angegeben Seiten beauftragt werden. Dieser kann dann das im Unterricht Gesagte ergänzen. Eine weitere Alternative stellt die Erarbeitung im Klassenverband dar.

■ *Lesen Sie den Text „Die Bedeutung des Traumes für die Romantiker" auf S. 77f. und unterstreichen Sie wichtige Aspekte. Fassen Sie zusammen, was Schubert über den Traum sagt, und ergänzen Sie anschließend die im Unterrichtsgespräch getroffenen Äußerungen.*

Die Traumtheorie Schuberts unterstützt die These der Vorausdeutung. Er weist insbesondere darauf hin, dass der Mensch in diesem Dämmerzustand für viele Dinge empfänglicher scheint als im Wachzustand. Die Seele verarbeitet in dieser Zeit Dinge, die den Menschen besonders beschäftigen. Der Traum wird als eigene, ausdrucksstarke, assoziative Sprache verstanden, derer sich die Seele bedient. Diese besondere Sprache stellt Beziehungen zwischen verschiedenen Bereichen in einer immens hohen Geschwindigkeit her, zu der die aus Worten bestehende Sprache nicht in der Lage ist. Dadurch wird der Zugang zur freien Kreativität der Seele geöffnet.

Die wichtigsten Aspekte aus dem Schubert-Text sollten in einem Tafelbild fixiert werden:

Schubert: Die Bedeutung des Traums für die Romantiker

TRAUM

- assoziative, bildhafte Sprache der Seele
- Zugangsmöglichkeit zur freien Kreativität der Seele
- veränderte Beziehung zur Außenwelt/Wirklichkeit (s. Pfeile)

In einem zweiten Schritt sollte nun die weitere Entwicklung Florios in den Blick genommen werden. Dessen Ausbruch aus geregelten Bahnen ist den Schülerinnen und Schülern bereits bekannt (vgl. Baustein 3.1).

Um den Verlauf seiner Entwicklung zu untersuchen, soll zunächst der Rahmen (Voraussetzungen für seine Wandlung als Anfang und der Sieg über die Venus als Ende) in Partnerarbeit (s. **Arbeitsblatt 15**, S. 70) untersucht werden. Anschließend werden die „Zwischenstationen" in Gruppenarbeit erarbeitet.

Die Analyse des Anfangs- und Endpunktes sollte so organisiert werden, dass ein Partner den Anfangspunkt und der andere den Endpunkt bearbeitet. Im Anschluss daran sollten die gewonnenen Erkenntnisse im Tandem ausgetauscht werden. Erst dann erfolgt das Unterrichtsgespräch.

■ *Anfangspunkt: S. 14, Z. 10 bis S. 15, Z. 32*

 a) Analysieren Sie Florios Auftreten in dem angegebenen Textauszug.

 b) Achten Sie auf die sprachliche Umsetzung der Inhalte.

■ *Endpunkt: S. 46, Z. 25 bis 49*

 a) Analysieren Sie Florios „Aufklärung" in dem angegebenen Textauszug. Achten Sie insbesondere auf den Moment, in dem er Bianka erkennt.

 b) Achten Sie auf die sprachliche Umsetzung der Inhalte.

Anfangspunkt (*S. 14, Z. 10 bis S. 15, Z. 32*): Bereits vor dem vorausdeutenden Traum werden Florios Beeinflussbarkeit (Gespräch mit Donati) und seine schüchterne Art deutlich. Er reitet mit Fortunato und Donati Richtung Herberge und erscheint zwischen den beiden stattlichen Männern als Mädchen, was nicht zuletzt deutlich macht, dass er noch gar kein Mann ist. Darüber hinaus wirkt er verträumt, schwankt also hier schon zwischen den Welten. Sprachlich fallen in diesem Abschnitt auch wieder viele Hypotaxen auf, die die Fülle der Eindrücke widerspiegeln. Kurze Hauptsätze setzt Eichendorff bewusst ein, um eine Veränderung deutlich zu machen (z. B. „Dann brach er plötzlich ab", S. 14, Z. 30). Die verwendeten Adjektive/Adverbien unterstreichen die Ausnahmesituation (z. B.: S. 14: „wunderliches" (Z. 10), „seltsame" (Z. 11), „wirrenden" (Z. 13)). Eichendorff greift in diesem Abschnitt auf die Wortfelder „Wasser" (Ufer, Fluss) und „Wind/Wetter" (Windlichter, Zornesblitz, Wind) zurück. Dies verdeutlicht die Wechselhaftigkeit der Situation. Besonders die Bezeichnung Florios als Mädchen („wie ein träumendes Mädchen", S. 14, Z. 37) in einem sprachlichen Vergleich drückt die Unsicherheit Florios in der Situation aus. Das Geschehen spielt abends/nachts. Dies ist gleichzeitig wieder ein Indiz für das Eintreten in eine andere Welt, durch die Florio zusehends beeinflusst wird.

Endpunkt (*S. 46, Z. 25 bis 49*): Durch dringendes Zureden seines Dieners fasst er schließlich den Entschluss, Lucca wieder zu verlassen. Auf seinem Ritt aus der Stadt begleiten ihn Fortunato, Biankas Onkel Pietro und ein Knabe. Erst durch die Aufdeckung der Hintergründe, was es mit der Ruine auf sich hat (ehemaliger heidnischer Tempel, ruheloser Geist der Göttin Venus, teuflische Verführung während des Frühlings), kehrt Florio vollends in die Realität zurück. In seinem letzten Lied kommen dieses Bewusstsein und sein Gottvertrauen zum Ausdruck. Florio muss sich erst von der kleinen Reisegesellschaft entfernen („sprengte rasch eine Strecke den anderen voraus", S. 47, Z. 31 f.), um mit der neu gewonnenen Sicherheit die anderen zu erwarten. Erst danach ist er, erwachsen geworden, in der Lage, den Knaben als Bianka zu identifizieren, die als „Engelsbild" (S. 49, Z. 13) seine Rettung darstellt. Insgesamt ist der Abschnitt durch vielerlei Kunstgriffe des Autors verdichtet: Einbettung von Florios Lied als Zeichen der Emanzipation (S. 47, Z. 33 bis S. 48, Z. 4), Erzählerkommentar als Zeichen der Verallgemeinerung und Belehrung (S. 48, Z. 5–8), Erkennen Biankas (S. 48, Z. 8–17), kurze Zusammenfassung von Biankas Schicksal nach dem ersten Zusammentreffen mit Florio (S. 48, Z. 17–30), Annäherung der Liebenden (S. 48, Z. 31 bis S. 49, Z. 3), Florios Geständnis der ewigen Liebe (S. 49, Z. 4–10), Aufbruch (S. 49, ab Z. 11). Gerade in der erneuten Annäherungsphase bedient sich Eichendorff widersprüchlicher Verbindungen, wie „freudige(r) Demut" (S. 48, Z. 37), um die innere Unstimmigkeit Biankas zu verdeutlichen.

Sprachlich fällt besonders auf, dass Eichendorff positiv konnotierte Adjektive/Adverbien verwendet, z. B. „heller" (S. 47, Z. 32), „stillklare" (S. 48, Z. 6), „lieblichen" (S. 48, Z. 31), „überglänzten" (S. 49, Z. 19). Indem das Geschehen sich während des Sonnenaufgangs und am frühen Morgen abspielt, wird der heitere Eindruck eines „Happy Ends" noch unterstrichen. Dies erreicht Eichendorff nicht zuletzt mit Synästhesien (z. B. „schimmernden Duft", S. 49, Z. 6). Er lässt die Erzählung in einer positiv christlichen Verklärung enden, indem Bianka als Sinnbild für die Jungfrau Maria verstanden wird („sah recht wie ein heiteres Engelsbild auf dem tiefblauen Grunde des Morgenhimmels aus", S. 49, Z. 13 f.).

Betrachtet man den Anfangs- und Endpunkt der Entwicklung, fällt auf, dass Florio während seines Aufenthaltes in Lucca erwachsen wird. Er wandelt sich von einem passiven, schüchternen Jüngling, der wie ein Mädchen (vgl. S. 14, Z. 37) wirkt, zu einem aktiven jungen Mann, der sein Leben selbstbestimmt in die Hand nimmt.

Im Unterrichtsgespräch sollte nach dem Abruf der Arbeitsergebnisse deshalb dieser Grundtenor seiner Entwicklung angesprochen werden.

■ *Erläutern Sie im Hinblick auf den Anfangs- und Endpunkt, inwieweit Florio während seines Aufenthalts in Lucca erwachsen wird.*

Die Ergebnisse sollten in einem Tafelbild zusammengefasst werden:

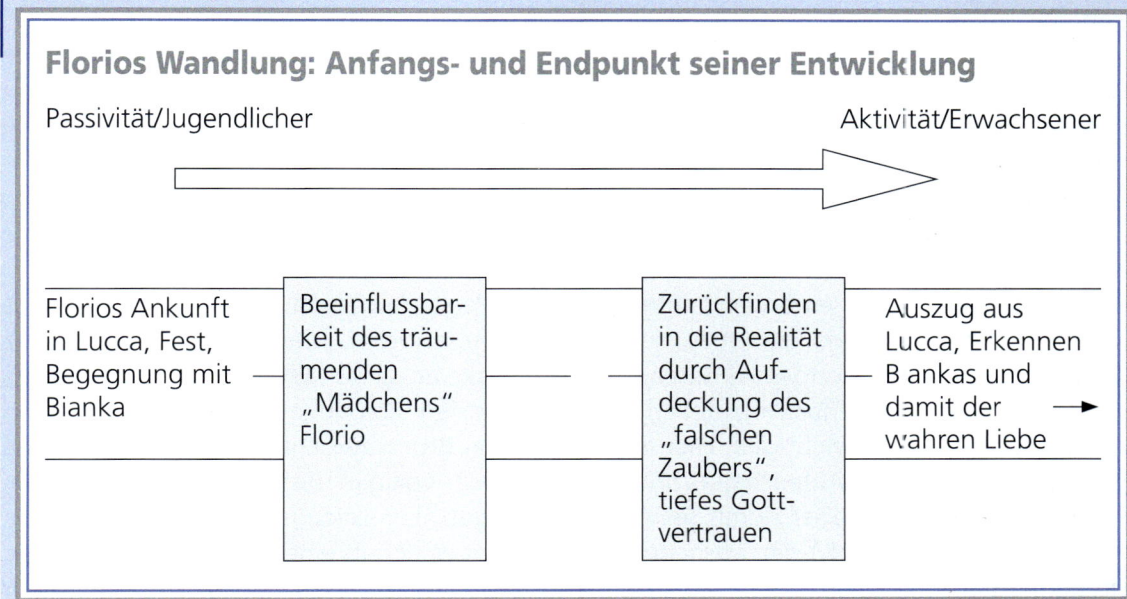

Florios Wandlung: Anfangs- und Endpunkt seiner Entwicklung

Passivität/Jugendlicher   Aktivität/Erwachsener

| Florios Ankunft in Lucca, Fest, Begegnung mit Bianka | Beeinflussbarkeit des träumenden „Mädchens" Florio | Zurückfinden in die Realität durch Aufdeckung des „falschen Zaubers", tiefes Gottvertrauen | Auszug aus Lucca, Erkennen Biankas und damit der wahren Liebe |

Nun stellt sich die Frage, welchen Weg Florio zwischen Anfangs- und Endpunkt beschreitet. Um die einzelnen „Zwischenstationen" auf dem Weg Florios nachzeichnen zu können, ist es notwendig, sich ebenfalls die konkrete Textbasis vorzunehmen. Aus diesem Grund werden vier arbeitsteilige Gruppen gebildet, die sich jeweils verschiedene Textstellen anschauen und diese analysieren. Die zu untersuchenden Textstellen sind unterschiedlich lang, sodass die Lehrperson leistungsstärkeren Gruppen entsprechend auch die schwierigeren/längeren Passagen zuweisen sollte. Die Arbeitsaufträge können den einzelnen Gruppen diktiert oder auf Folie (vgl. **Arbeitsblatt 16**, S. 71) präsentiert werden.

■ *Gruppe 1: S. 17, Z. 30 bis S. 19, Z. 2*
   a) Analysieren Sie Florios Erlebnis in dem angegebenen Textauszug.
   b) Halten Sie Ihre Ergebnisse in Stichpunkten fest.

■ *Gruppe 2: S. 21, Z. 24 bis S. 24, Z. 24*
   a) Analysieren Sie Florios Verhalten in dem angegebenen Textauszug.
   b) Halten Sie Ihre Ergebnisse in Stichpunkten fest.

■ *Gruppe 3: S. 28, Z. 10 bis S. 35, Z. 9*
   a) Analysieren Sie Florios „Zerrissenheit" in dem angegebenen Textauszug. Unterstützend können Sie auch das Gemälde „Himmlische und irdische Liebe" auf S. 75 Ihrer Textausgabe hinzunehmen.
   b) Halten Sie Ihre Ergebnisse in Stichpunkten fest.

■ *Gruppe 4: S. 36, Z. 31 bis S. 39, Z. 24*
   a) Analysieren Sie Florios Verhalten in dem angegebenen Textauszug. Achten Sie insbesondere auf Besonderheiten seiner Wahrnehmung.
   b) Halten Sie Ihre Ergebnisse in Stichpunkten fest.

■ *Gruppe 5: S. 39, Z. 25 bis 43, Z. 11*
   a) Analysieren Sie Florios Verhalten und Reaktionen in dem angegeben Textauszug. Achten Sie insbesondere auf die Funktion seiner Bitte „Herrgott, lass mich nicht verloren gehen in der Welt!" (S. 40, Z. 32 f.) und das Auftreten Fortunatos.
   b) Halten Sie Ihre Ergebnisse in Stichpunkten fest.

Nach seinem Traumerlebnis scheint ihn die Fiktion in der Wirklichkeit einzuholen, denn er trifft nachts auf die verführerische Venus, deren lebendig-toter Anblick ihn zugleich verschreckt und verzaubert. Am nächsten Tag verirrt sich Florio in den Garten der Venus, die auch hier wieder ihr Doppelgesicht zeigt. Angelockt wird er durch ihren wunderschönen Gesang. Unversehens rutscht Florio in einen Tagtraum und wird in ihren Bann gezogen. Die nächste Station stellt der Maskenball dar. Hier findet sich auch zugleich der vorläufige Höhepunkt von Florios Unsicherheit, da er Bianka und Venus nicht mehr unterscheiden kann. Er ist einem Trugbild aufgesessen, was dafür spricht, dass er sich immer tiefer in die Fänge der Venus verstrickt und sich damit auch immer weiter von „dem rechten Weg" entfernt. Das Erlebte wird durch einen erneuten Besuch im Palast und später im Garten der Venus vertieft. An diesem Punkt glaubt Florio in allen anwesenden Damen immer nur die EINE (Venus) zu erblicken. Florio wird durch die Kunstwerke an seine Kindheit erinnert und versucht, dies auch der Venus mitzuteilen. Diese interessiert sich aber nur für sich selbst und versucht, ihn zu beschwichtigen. Hier findet ein erster Bruch zwischen ihr und dem jungen Mann statt. Bei diesem Aufenthalt droht Florio einerseits völlig in die Traumwelt abzusinken, andererseits ist er sich aber durch seine Bitte „Herrgott, lass mich nicht verloren gehen in der Welt!" (S. 40, Z. 32 f.) der Tatsache bewusst, dass er sich in einer mehr als verfahrenen Situation befindet, aus der er sich aus eigener Kraft nicht mehr zu erretten weiß. Immer mehr erscheint Florio das Geschehen als Blendwerk. Nicht mehr das Schöne dominiert, sondern das Bedrohliche wächst an (Unwetter/Blitze, starre Blicke, weißes Antlitz). Verschreckt kehrt Florio in seine Herberge zurück. Er befindet sich in einem Zustand, der dem Wahnsinn gleicht, und hat Todessehnsucht.

Die Ergebnisse der einzelnen Gruppen sollten im Unterrichtsgespräch aufgegriffen werden und ebenfalls in ein Tafelbild münden, das die wichtigsten Stationen skizziert.

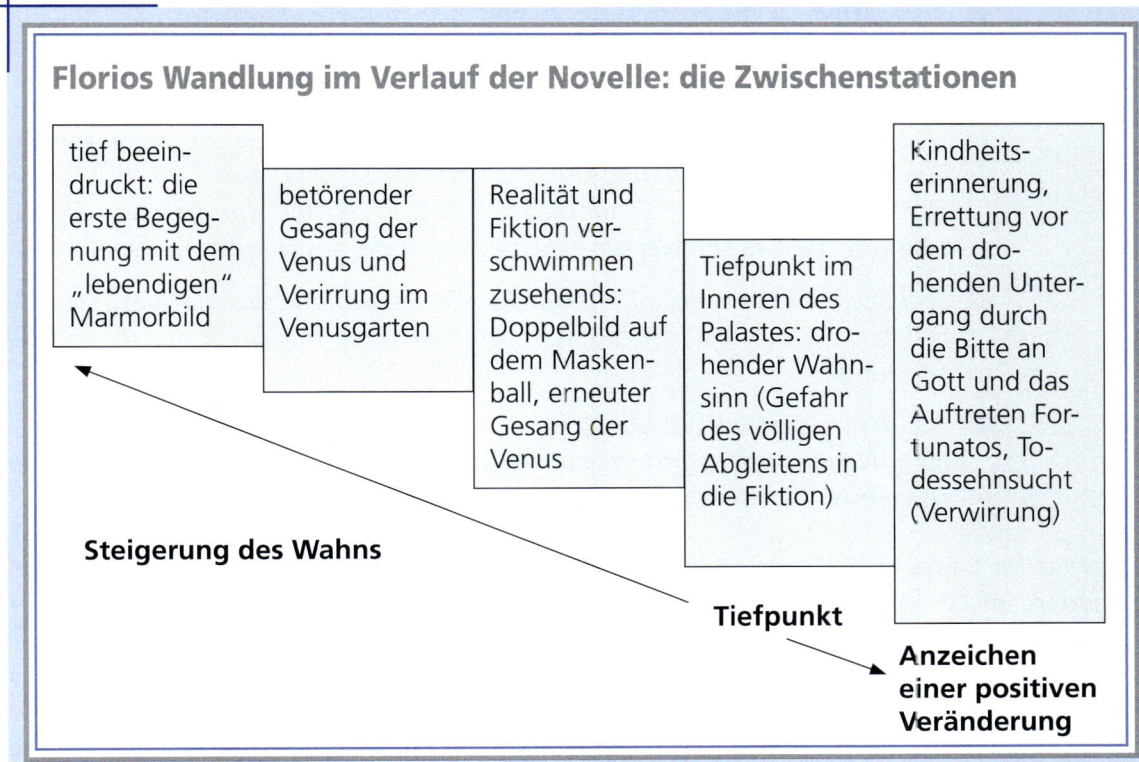

Um einen Gesamtüberblick über Florios Entwicklung und Wandlung zu erhalten, sei zur Orientierung auf die nachfolgende Skizze verwiesen:

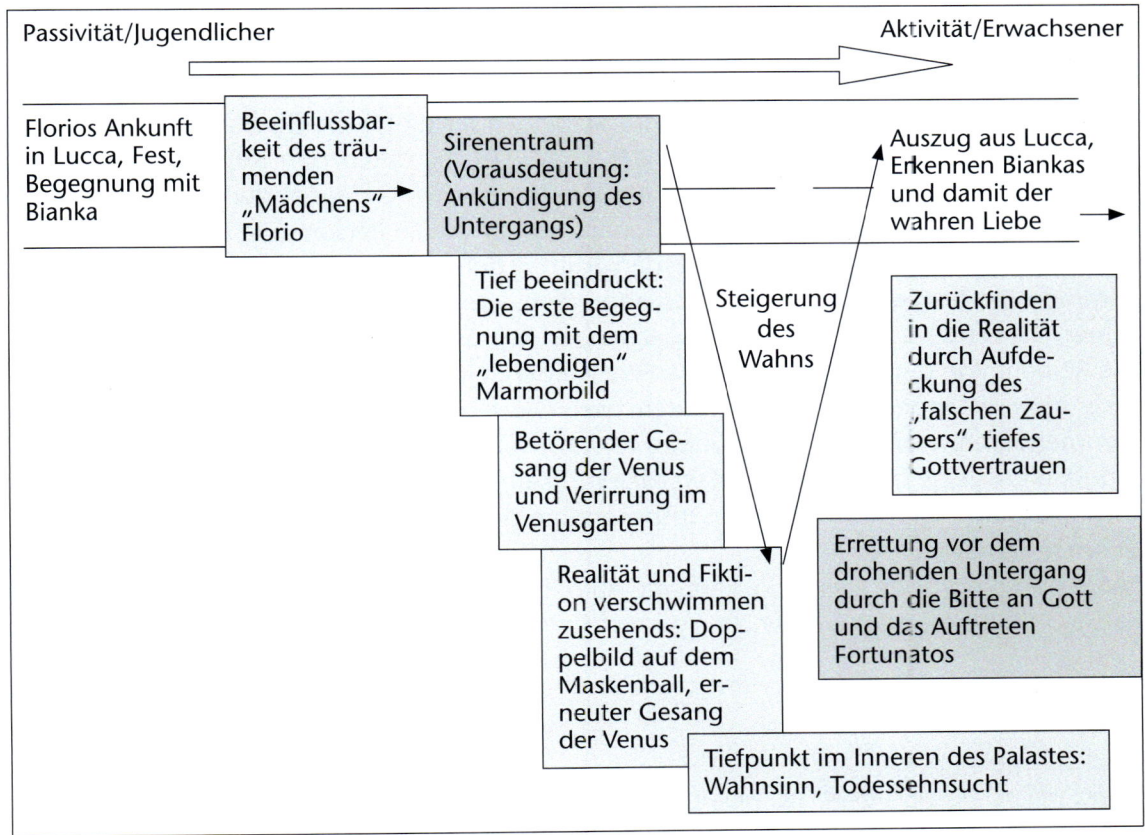

Als vertiefende Schreibaufgaben mit unterschiedlichem Anforderungsprofil bieten sich am Ende des Teilaspekts folgende Möglichkeiten an:

■ *Analysieren Sie die Entwicklung Florios mithilfe der vorliegenden Arbeitsergebnisse. Strukturierungshilfen für Ihre schriftliche Ausarbeitung finden Sie im Anhang der Textausgabe S. 91 ff.*

■ *„[…] und es müsste wahrlich mit dem Bösen zugehen, wenn Ihr nicht so recht durch und durch fröhlich und stark werdet!" (S. 20, Z. 19 ff.)*
Ordnen Sie die Aussage Fortunatos in den Erzählkontext ein. Erläutern Sie, ob bzw. inwieweit es sich hier um eine Vorwegnahme des Novellenendes handelt.

■ *Schlüpfen Sie in die Rolle Florios und legen Sie sich auf die „Psychiatercouch". Erläutern Sie aus seiner Sicht das Abrutschen in die Traumwelt und die spätere Errettung.*

■ *Erläutern Sie eine der beiden Rezensionen auf S. 89 f. Ihrer Textausgabe (Wolfgang Nehring oder Horst Wiebesiek). Überprüfen Sie anhand der erarbeiteten Ergebnisse die Berechtigung der gewählten Wertung.*

Hinweis: In Baustein 5.1 werden alle Rezensionen, die sich im Anhang der Textausgabe befinden, im Zusammenhang mit dem Rückblick auf die Erzählung als Material herangezogen und ausgewertet.

3.2.2 Florios Zuneigung zu Bianka

Florios Liebe zu Bianka ist eng mit seiner oben beschriebenen Entwicklung verbunden. Da diese Liebe für sich genommen ebenfalls eine Entwicklung, eine Reifung durchmacht, müssen die Stationen des Aufeinandertreffens zwischen Florio und Bianka näher untersucht werden.

Es bietet sich an, die einzelnen Stationen ebenfalls mithilfe von Gruppenarbeit erarbeiten zu lassen. Dafür eignet sich der Bau sog. Stimmenskulpturen[1] aus dem Bereich der Standbildmethode: Die Personen (Florio, Bianka) werden in dieser bestimmten Situation aufgebaut. Die restlichen Gruppenmitglieder gehen nacheinander hinter die Personen, übernehmen deren Stimme und sagen einen bis zwei Sätze, die ihr durch den Kopf gegangen sein könnten. Die „Stimmen" hinter dem Standbild geben dem Gesagten durch Lautstärke und Intonation einen bestimmten Gestus. Danach verharren die Personen in einer für ihre Aussage charakteristischen Position. Nach dem Aufbau der Stationen können die verschiedenen Stimmen von der Lehrperson nochmals abgerufen, koordiniert und kontrastiert werden. Der Lehrer/Die Lehrerin zeigt auf die entsprechenden Repräsentanten, die dann ihren Satz sagen. Die Reihenfolge der Stimmen kann variiert werden, einzelne Stimmen können auch mehrmals hintereinander abgerufen werden usw. Die eigentlichen Personen (Florio, Bianka) kommentieren, welche Stimmen ihnen fehlen, welche wegen ihrer Bedeutung näher herangeholt, welche hintenangestellt werden müssen, weil sie nur am Rande eine Rolle spielen usw.  Die Stationen der Beziehung, insbesondere die inneren Haltungen, werden dadurch sichtbar gemacht.

 Sollte die Lerngruppe klein sein, kann die Aufgabe auch im normalen Standbildverfahren in Partnerarbeit bewältigt werden.

---

[1] Hier findet sich eine Abwandlung der ursprünglichen Idee: Vgl. Ingo Scheller: Szenisches Spiel. Handbuch für die pädagogische Praxis, Berlin [7]2009, S. 136 f.

Auf dem **Arbeitsblatt 17**, S. 72, findet sich die Anleitung für die Schülerinnen und Schüler.

- *Bild 1, Gruppe 1: S. 7, Z. 4 bis Z. 30*
- *Bild 2, Gruppe 2: S. 8, Z. 27 bis S. 9, Z. 33*
- *Bild 3.1, Gruppe 3: S. 28, Z. 1 bis Z. 18 und S. 29, Z. 6 bis Z. 33*
- *Bild 3.2, Gruppe 4: S. 34, Z. 5 bis S. 35, Z. 32*
- *Bild 4, Gruppe 5: S. 43, Z. 21 bis Z. 37 und S. 49, Z. 5 bis S. 49*

▪ *Lesen Sie die Angaben für Ihre Gruppe und bauen Sie mit Ihrer Gruppe eine Stimmenskulptur des Paares.*

Nachfolgend ist der Inhalt der Stationen kurz zusammengefasst. Zu erwarten ist, dass die Niedergeschlagenheit Biankas sowie die sich steigernde Weltvergessenheit Florios in der Stimmenskulptur besonders herausgearbeitet werden. Insbesondere die Bilder 3.1 und 3.2 müssten die widersprüchlichen Stimmungen widerspiegeln, da Florio zwischen beiden Frauen hin- und hergerissen scheint und das Trugbild nicht einordnen kann.

- <u>Bild 1, Gruppe 1: S. 7, Z. 4 bis Z. 30:</u> Florio und Bianka treffen zum ersten Mal bei einer Festgesellschaft aufeinander. Mehrere Mädchen spielen auf einem etwas abseits gelegenen Feld Ball. Florio ist besonders von der grazilen Ballspielerin, deren Federball versehentlich vor seinen Füßen landet, fasziniert. Sie trägt einen Blumenkranz und wirkt wie der Frühling selbst. Insbesondere für Bianka scheint es Liebe auf den ersten Blick zu sein, was man an ihren niedergeschlagenen Augen und ihrem Erröten erkennen kann. Florio ist freudig erregt. Auf dem Weg in die Freiheit gelangt er nach Lucca und gerät direkt in eine muntere Feier. Er beobachtet genau und so entgeht ihm nicht das anmutige, hübsche Äußere der Ballspielerin.
  Fazit: Die Initiative geht von Florio aus, als er Bianka den verschlagenen Federball zurückbringt. Die Begegnung läuft wortlos ab. Bianka wirkt verschüchtert und wird dem Bild der „kindliche(n) Gestalt" (S. 7, Z. 17) gerecht.

- <u>Bild 2, Gruppe 2: S. 8, Z. 27 bis S. 9, Z. 33:</u> Die erste Begegnung wird vertieft. Florio ist noch ganz aufgewühlt, da er erfahren hat, dass er von dem weithin bekannten Sänger Fortunato in die Stadt Lucca begleitet wurde und die Berühmtheit nicht erkannt hat. Dennoch setzt er sich am Abend zu der fremden Schönen, die immer noch sehr schüchtern ist. Auch hier wird wenig gesprochen. Einerseits wird Bianka als „niedliche(s)" (S. 8, Z. 36) Mädchen beschrieben, andererseits glühen ihre Augen ihren Verehrer verführerisch an. Die lockere Gesellschaft und der Weingenuss lassen auch Florio in der Festgesellschaft für seine Liebste ein Lied singen. Er ist es, der den Kopf zu Bianka neigt. Diese lässt den Kuss „willig" (S. 9, Z. 27) geschehen.
  Fazit: Auch bei der zweiten Begegnung geht die Initiative von Florio aus. Bianka glüht ihn zwar mit Blicken an, bleibt aber eher passiv und lässt die Dinge geschehen, ohne direkt einzugreifen.

- <u>Bild 3.1, Gruppe 3: S. 28, Z. 1 bis Z. 18 und S. 29, Z. 6 bis Z. 33:</u> Auch die dritte Begegnung findet auf einem Ball, einem Maskenball am Abend/in der Nacht statt. Florio ist ganz benommen ob der vielen Eindrücke, zumal er auf eine Begegnung mit der Venus hofft, die er im verwunschenen Garten hat singen hören. Diesmal geht die Initiative von Bianka aus, deren Gesicht hinter einer Maske versteckt ist. Sie geht auf Florio zu und überreicht ihm eine rote Rose. Diesem fällt zwar die Schönheit des „zierlichen Mädchen(s)" (S. 28, Z. 12) auf, aber er erkennt sie in ihrer Verkleidung nicht. Florio sucht die „niedliche Griechin" (S. 29, Z. 6) in der Masse und findet sie. Nach einem Tanz, bei dem sie sich wieder sehr nahe gekommen sind, flüstert ihm Bianka die einzigen Worte dieser Begegnung zu: „Du kennst mich" (S. 29, Z. 18). Obwohl Florio von diesem Mädchen hingerissen und fasziniert ist, scheint er nicht ganz bei der Sache zu sein, denn er sieht am anderen Ende des Saales seine Tänzerin noch einmal (Doppelbild). Auf ihre Feststellung reagiert er gar nicht mehr.

Fazit: Florio ist der Passive. Er lässt die Außenwelt auf sich wirken, kann aber die Eindrücke nicht mehr richtig einordnen, weil er sich bereits in den Fängen der Venus befindet. Die Begegnung verläuft fast wortlos.

- <u>Bild 3.2, Gruppe 4: S. 34, Z. 5 bis S. 35, Z. 32:</u> Am Ende des Festes trifft Florio auf Bianka, die er unverkleidet direkt als die Schöne von seiner ersten Feier in Lucca identifiziert. Ihm fällt auf, dass der Blumenkranz in ihrem Haar fehlt. Er erfährt ihren Namen, verhält sich ihr gegenüber aber eher neutral, weil die erste Begegnung „schon so lange her [ist]" (S. 34, Z. 12). Die gemeinsamen Erlebnisse scheinen unbedeutend, da sich für ihn innerlich etwas verändert hat. Im Gespräch ist er nicht ganz bei der Sache und er verlässt fast fluchtartig den Ort des Geschehens. Bianka, die sich ihres Liebsten recht sicher war, versteht die Welt nicht mehr und bricht in Tränen aus. Als Zeichen des Liebesendes zerpflückt sie den Blumenkranz, den sie „wie einen Brautkranz" (S. 35, Z. 30) aufbewahrt hat.
  Fazit: Florio will eigentlich nichts mehr mit der Situation zu tun haben. Er erkennt die Schöne zwar, aber distanziert sich nun auch äußerlich von ihr. Biankas naive Mädchenträume sind zerstört. Sie leidet jämmerlich und ihr schönes Gesicht ist ganz blass.

- <u>Bild 4, Gruppe 5: S. 43, Z. 21 bis Z. 37 und S. 49, Z. 5 bis S. 49:</u> Florio erkennt die als Knabe verkleidete Bianka wie auf dem Maskenball zunächst nicht. Erst am Ende, als er zu sich selbst gefunden hat, identifiziert er den Knaben als seine Liebste. Bianka ist anfangs noch zögerlich und skeptisch. Sie kann den Sinneswandel ihrer verloren geglaubten Liebe zunächst nicht einschätzen. Auch als Florio ihr seine ewige Liebe schwört, bleibt sie zurückhaltend.
  Fazit: Die Initiative geht hier wieder von Florio aus, der sein neu gefundenes Ich euphorisch begrüßt. Zum ersten Mal spricht er mit „tiefer Innigkeit" (S. 48, Z. 35) zu ihr. Bianka wurde aber so tief verletzt, dass sie diesem neuen Florio zurückhaltend begegnet. Dennoch bleibt sie bei ihm und sie ziehen gemeinsam aus Lucca weg. Auch während dieser Begegnung kommuniziert Bianka viel mit Blicken. Worte werden nur von Florio gewechselt.

Insgesamt ist zu sagen, dass sich Florio und Bianka wieder neu begegnen. Beide sind reifer geworden und lassen sich trotz der Verwirrungen und (Ent-)Täuschungen aufeinander ein.

Alternativ kann die Entwicklung der Beziehung auch analytisch bearbeitet werden. Dafür erhalten die Schülerinnen und Schüler folgende Textstellen, die sie in arbeitsteiliger Einzelarbeit bearbeiten sollen, wozu die Lerngruppe in fünf Parteien aufgeteilt wird:

- *Gruppe 1: S. 7, Z. 4 bis Z. 30*
- *Gruppe 2: S. 8, Z. 27 bis S. 9, Z. 33*
- *Gruppe 3: S. 28, Z. 1 bis Z. 18 und S. 29, Z. 6 bis Z. 33*
- *Gruppe 4: S. 34, Z. 5 bis S. 35, Z. 32*
- *Gruppe 5: S. 43, Z. 21 bis Z. 37 und S. 49, Z. 5 bis S. 49*

Der Arbeitsauftrag ist für alle gleich:

■ *Bearbeiten Sie die angegebenen Textstellen. Machen Sie sich Stichpunkte, die über Biankas und Florios Verhalten Auskunft geben. Achten Sie insbesondere auf die inneren und äußeren Umstände der jeweiligen Begegnung.*

Die Ergebnisse werden anschließend im Unterrichtsgespräch gesammelt und an der Tafel oder auf Folie für alle fixiert.

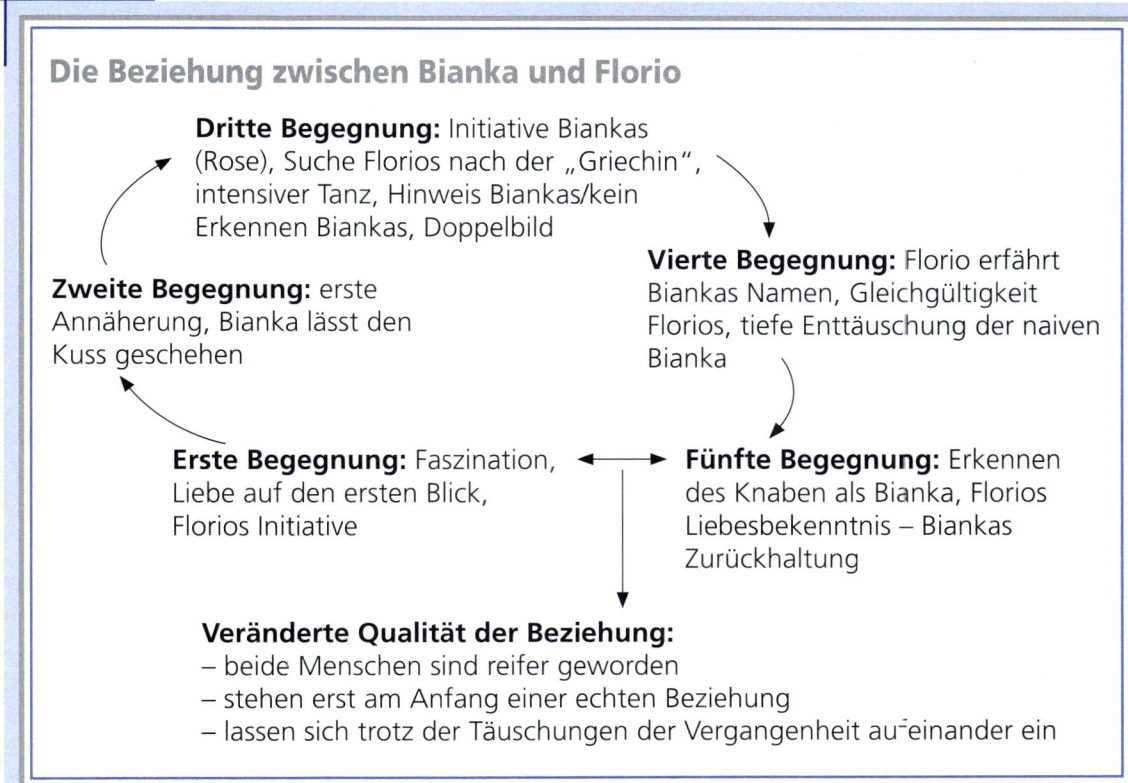

Die Beziehung zwischen Bianka und Florio

Dritte Begegnung: Initiative Biankas (Rose), Suche Florios nach der „Griechin", intensiver Tanz, Hinweis Biankas/kein Erkennen Biankas, Doppelbild

Zweite Begegnung: erste Annäherung, Bianka lässt den Kuss geschehen

Vierte Begegnung: Florio erfährt Biankas Namen, Gleichgültigkeit Florios, tiefe Enttäuschung der naiven Bianka

Erste Begegnung: Faszination, Liebe auf den ersten Blick, Florios Initiative

Fünfte Begegnung: Erkennen des Knaben als Bianka, Florios Liebesbekenntnis – Biankas Zurückhaltung

Veränderte Qualität der Beziehung:
– beide Menschen sind reifer geworden
– stehen erst am Anfang einer echten Beziehung
– lassen sich trotz der Täuschungen der Vergangenheit aufeinander ein

In einem weiteren Schritt sollen die Arbeitsergebnisse in einen Zusammenhang gestellt werden. Dafür sollen die Schülerinnen und Schüler diesmal den umgekehrten Weg (von der Textbeurteilung zur Textproduktion) gehen. Aus diesem Grund wird ihnen ein Schüleraufsatz vorgelegt, den sie nach bestimmten Kriterien und auf der Basis ihres bisherigen Wissens begutachten sollen (vgl. **Arbeitsblatt 18**, S. 73 f.).

■ *Die Aufgabe für diesen Aufsatz lautete: Analysieren und charakterisieren Sie die Beziehung zwischen Bianka und Florio in der Novelle „Das Marmorbild" von Joseph von Eichendorff. Belegen Sie Ihre Aussagen am Text.*
Bearbeiten Sie das vorliegende Schülerbeispiel nach folgenden Kriterien: Struktur/Aufbau des Aufsatzes, Qualität des Inhalts, Zitiertechnik/Qualität der Zitate, verwendete Sprache. Verfassen Sie anschließend eine ausführliche, begründete Beurteilung. Orientieren Sie sich auch an den in der Textausgabe, S. 91 ff., enthaltenen Hilfestellungen.

Zu erwarten sind je nach Leistungsfähigkeit der Lerngruppe folgende Aspekte:

Struktur/Aufbau des Aufsatzes: klare Struktur: Einleitungssatz mit Kernaussage, Festlegung des Untersuchungsaspekts, Wiedergabe und Analyse der einzelnen Begegnungen, Zusammenfassung der Ergebnisse mit anschließendem Fazit.

Qualität des Inhalts: nicht alle Deutungsansätze werden ausformuliert (vgl. z. B. „Ausschlaggebend ist hier das Wort ‚besonders'."), Vernetzung mit dem Aspekt der Entwicklung Florios, Berücksichtigung aller wichtigen Stationen des Zusammentreffens; fehlend: Analyse der sprachlichen Umsetzung und bewusste Berücksichtigung der romantischen Motive (das

Frühlingsmotiv hätte z. B. weiter ausgebaut werden können; sehr schön betont ist das Blumenkranzmotiv).

Zitiertechnik/Qualität der Zitate: Verwendung passender Zitate, Integration der Zitate in den eigenen Fließtext

Verwendete Sprache: Bemühen um gehobene Sprache, Sprache erinnert stellenweise an die Novellenvorlage, Übergänge hätten sprachlich noch geschickter geglättet werden können.

Die aus der Analyse des Aufsatzes erwachsene selbstständige Beurteilung sollte plausibel die gefundenen Aspekte berücksichtigen.

Für die anschließende Besprechung bietet sich der gegenseitige Austausch in Partnerarbeit an. Im weiteren Verlauf können die Ergebnisse und Erfahrungen der Bearbeitung im Unterrichtsgespräch ins Plenum getragen werden.
Als vertiefende Aufgabe bietet sich im Sinne der szenischen Interpretation eine kreative Umsetzung in Partnerarbeit an. **Alternativ** kann die Aufgabe auch als einzelne Schreibaufgabe in Form des kreativen Schreibens umgesetzt werden.

■ *„Die Bäume standen hell angeglüht, unzählige Lerchen sangen schwirrend in der klaren Luft. _____ Und so zogen die Glücklichen fröhlich durch die überglänzten Auen in das blühende Mailand hinunter." (S. 49)*

Fügen Sie hier eine Aussprache zwischen Bianka und Florio ein, in der beide die Entwicklung ihrer Beziehung reflektieren. Präsentieren Sie Ihre Ergebnisse, indem Sie dem Plenum die Szene vorspielen.
ODER
Fügen Sie hier im Stile Eichendorffs eine Aussprache zwischen Bianka und Florio ein, in der beide die Entwicklung ihrer Beziehung reflektieren.

3.3 Der Dualismus der Figuren

3.3.1 Die Figurenebene: Venus – Bianka, Donati – Fortunato

Wie bereits dargelegt, ist die Gegensätzlichkeit der Personen offensichtlich. Interessant ist in diesem Falle die Frage der Umsetzung: Wie und mit welcher Intention gestaltet Eichendorff diesen Dualismus?
Um grundsätzlich einen Einstieg ins Thema zu finden, werden die Schülerinnen und Schüler mit Kernzitaten (vgl. **Arbeitsblatt 19**, S. 75) aus der Erzählung konfrontiert, in denen der Dualismus deutlich wird. Die Folie wird aufgelegt und die Lehrperson selbst liest die Zitate nacheinander vor. Dabei werden die Aussagen sukzessive aufgedeckt.

■ *Erklären Sie, inwieweit es sich bei den vorliegenden Zitaten um Kernaussagen über die Figuren handelt. Wodurch wird ein Kontrast, vergleichbar mit der Einführung der Personen in die Handlung, deutlich? Lassen sich Personengruppen bilden?*

Denkbar ist, dass die Schülerinnen und Schüler folgende Aspekte nennen:
Fortunato: Er tritt als kommentierender Sänger auf, der immer wieder die Vermittlerrolle übernimmt. So ist er derjenige, der Florio entweder durch sein Erscheinen und/oder durch seinen Gesang in die Wirklichkeit zurückholt (vgl. S. 33, Z. 6 f.).

Donati: Er fällt aus der restlichen Gesellschaft heraus, weil er unheimlich wirkt. Er ist zwar ein stattlicher Mann, trägt aber dämonische Züge. Häufig wird sein Gesicht als bleich beschrieben, was ihn in die Nähe des Todes rücken lässt.

Bianka: Sie tritt unschuldig, jugendlich auf und meist ist der Blumenkranz als Attribut des Frühlings und des Lebens ihr Begleiter. Weiß (= bianco) ist hier die Farbe der Reinheit und Unschuld.

Venus: Als Idealbild aller Frauen ist sie zwar einerseits wunderschön, andererseits wandelt sie sich, indem sie zwischen Tod (Marmorbild) und Leben (attraktive Frau) zu schweben scheint. Dieser Widerspruch dominiert die Darstellung der Venus. Auch ihr wird die Farbe Weiß als Farbe des Todes und der Erstarrung zugeschrieben.

Insgesamt lassen sich also nicht nur die Gegensatzpaare, sondern auch die Gruppierungen Bianka – Fortunato sowie Venus – Donati durch die ähnliche Gestaltung bilden. Insbesondere betont Eichendorff die Ähnlichkeit der Letztgenannten durch die Angabe der Verwandtschaft (vgl. S. 24, Z. 16).

Daran anknüpfend sollen die ersten Aussagen mithilfe eines Arbeitsblattes (vgl. **Arbeitsblätter 20**, S. 76, und **21**, S. 78) vertieft und weitergeführt werden. Die Bearbeitung derselben bietet sich in einer arbeitsteiligen Partner- oder Einzelarbeit an.

Die eine Hälfte der Lerngruppe:

■ *Bearbeiten Sie die nachfolgenden Textstellen und machen Sie sich zu den unten* *stehenden Kategorien Stichpunkte:*
   a) Bianka: S. 7, Z. 16–30; S. 8, Z. 36 bis S. 9, Z. 2; S. 35, Z. 17–32; S. 49, Z. 11–19
   b) Venus: S. 18, Z. 7–29; S. 22, Z. 23–39; S. 32, Z. 22–37; S. 40, Z. 16 bis S. 41, Z. 23

■ *Überlegen Sie, warum Eichendorff diesen Dualismus gewählt haben könnte.*

Die andere Hälfte der Lerngruppe:

■ *Bearbeiten Sie die nachfolgenden Textstellen und machen Sie sich zu den unten stehenden Kategorien Stichpunkte:*
   a) Fortunato: S. 15, Z. 17–29; S. 19, Z. 3–29; S. 20, Z. 7–24, S. 32, Z. 38 bis S. 33, Z. 36; S. 44, Z. 3 bis S. 47, Z. 28
   b) Donati: S. 13, Z. 18–28; S. 14, Z. 39 bis S. 15, Z. 16; S. 23, Z. 31 bis S. 24, Z. 2; S. 26, Z. 1–35

■ *Überlegen Sie, warum Eichendorff diesen Dualismus gewählt haben könnte.*

Anschließend können die Ergebnisse (vgl. mögliche Lösungen, S. 77 und S. 79) im Plenum oder in Kleingruppen ausgetauscht werden.

Insbesondere bei der Hypothesenbildung (2. Arbeitsauftrag, s.o.) können interessante Diskussionsbeiträge eingebracht werden. Im Kern sollte es aber immer darum gehen, dass Venus und in gewisser Weise auch Donati Stellvertreter für eine symbolische Ebene sind. Wahrscheinlich wird hier noch nicht der Gegensatz zwischen Christentum und heidnischer Antike angesprochen. Stattdessen werden die Schülerinnen und Schüler Venus/Donati als negativ und böse, Bianka/Florio/Fortunato als positiv und gut identifizieren.

Als vertiefende Aufgaben bieten sich folgende kreativen Gestaltungsmöglichkeiten an:

■ *Venus und Donati bzw. Bianka und Fortunato treffen sich und tauschen sich über ihre Gemeinsamkeiten aus. Nehmen Sie deren Rollen ein und gestalten Sie auf der Basis Ihrer bisherigen Ergebnisse ein Gespräch der beiden.*

■ *Venus und Bianka bzw. Donati und Fortunato treffen sich und tauschen sich über ihre Gegensätzlichkeit aus. Nehmen Sie deren Rollen ein und gestalten Sie auf der Basis Ihrer bisherigen Ergebnisse ein Gespräch der beiden.*

Exkurs:

Hier bietet es sich an, über Experten verschiedene Frauenbilder der Zeit (vgl. Anhang der Textausgabe, S. 68 bis 74) dem Venusbild in „Das Marmorbild" gegenüberzustellen.

- „Undine": Eine Nixe geht mit einem Ritter eine Liebesbeziehung ein. Dafür opfert sie ihre Unsterblichkeit, erhält aber andererseits eine Seele. Später tötet sie ihn, weil er ihr untreu wird.
- „Der getreue Eckhart und der Tannhäuser": Tannhäuser wird in den Venusberg geführt. Dort herrschen paradiesische Zustände. Die heidnische Welt ist herrlich und berauschend. Allerdings lässt sie einen auch die Zeit vergessen.
- „Der Runenberg": Christian ist berauscht von einer schönen Frau, die er aber nur in seiner Traumwelt wahrnimmt.
- „Der Sandmann": Das Fernglas gewährt Nathanael eine andere Perspektive auf die Dinge. Dadurch verfällt er auch der „schönen" Olimpia, die ihn durch den Widerspruch, tot und lebendig zugleich zu sein, nur noch mehr verzaubert.

■ *Arbeiten Sie Unterschiede und Gemeinsamkeiten des Venusmotivs zum „Marmorbild" heraus. Präsentieren Sie Ihre Ergebnisse in einem Kurzvortrag.*

3.3.2 Die symbolische Ebene: christliches Mittelalter vs. heidnische Antike

Da Eichendorff diesen Dualismus bewusst angelegt hat, um im geschichtsphilosophischen Sinn den Sieg des christlichen Mittelalters über die heidnische Antike aufzugreifen und zu verdeutlichen, ist es notwendig, die Schülerinnen und Schüler auf diese zweite, symbolische Ebene aufmerksam zu machen. Dies soll in einer ersten Hinführung in Form des Gesprächs umgesetzt werden.

■ *Überlegen Sie, inwieweit die Figuren als „Stellvertreter" für die beiden Seiten Christentum und (heidnische) Antike gelten können.*

■ *Erklären Sie, ob diese beiden Kulturen gleichberechtigt nebeneinander stehen oder ob Eichendorff eine deutliche Präferenz in seiner Erzählung erkennen lässt.*

Zu erwarten ist, dass der Dualismus der Figurenebene aufgegriffen wird (vgl. Baustein 3.1). Darüber hinaus können die Schülerinnen und Schüler durch Florios Bitte an Gott, den positiv, christlich geprägten Schluss und die Lieder Fortunatos auch ohne die konkrete Textebene eine deutliche Präferenz des Christentums benennen.

Um eine präzisere Analyse vorzunehmen, ist es notwendig, sich die konkrete Textbasis anzusehen. Dazu erhält die Lerngruppe eine Kernstelle, die den Dualismus deutlich macht. Leitfragen sollen bei der Analyse Orientierung verschaffen.

■ *Textbasis: S. 46, Z. 25 bis S. 47, Z. 28*
  ● *Was ist die Bestimmung der Venus? Inwieweit kennzeichnet diese Bestimmung eine Beschränktheit und Fremdbestimmung?*
  ● *Welche Gefahr geht von der Venus aus?*
  ● *Inwieweit wird durch die Anspielung auf ein „altes frommes Lied" (S. 47, Z. 20) und die Kennzeichnung Fortunatos als „redliche(n) Dichter" (S. 47, Z. 26) eine positive Hervorhebung des Christentums erreicht?*

Die Venus ist durch ihre Fremdbestimmung dazu verdammt, jeden Frühling aufs Neue zu erwachen und danach wieder ins Grab zu steigen. Besonders junge Menschen, deren Charakter noch nicht gefestigt ist, lassen sich durch ihre Verführungskünste beeindrucken und in einen Abgrund ziehen. Jemand wie Fortunato kann diesem Blendwerk widerstehen, ja – für ihn existiert dieses Hexenwerk gar nicht erst, da er im Glauben gefestigt ist. Das „alte fromme Lied" gibt ihm Zuversicht und Kraft, sich auch an einem verhexten Ort sicher zu bewegen und die „wilden Erdengeister" zu bändigen (vgl. S. 47, Z. 27 f.). Dadurch kennzeichnet Eichendorff die Macht des christlichen Glaubens eindeutig als positiv. Für den Leser wirkt dieser Erzählabschnitt quasi als Sieg des „redliche(n)" (S. 47, Z. 26), christlichen Glaubens über das „teuflische Blendwerk" (S. 47, Z. 3) der antiken Göttin.

Zur näheren Verdeutlichung dieses Siegs über die Antike sollen die Schülerinnen und Schüler vertiefend ein Lied Fortunatos analysieren, in dem verdichtet die Abhängigkeit und Fremdbestimmung der Venus sowie die positive Kraft des Christentums zum Ausdruck kommen.

■ *Lied Fortunatos (S. 44, Z. 26 bis S. 46, Z. 24)*
  ● *Betten Sie das Lied in den Erzählkontext ein.*
  ● *Gliedern Sie das Lied nach thematischen Abschnitten und finden Sie zusammenfassende Überschriften, die den inhaltlichen Kern des jeweiligen Abschnitts widerspiegeln.*
  ● *Klären Sie, inwieweit die folgende Aussage zutreffend ist: „In diesem Lied Fortunatos triumphiert das Christentum über die antike Götterwelt und bewährt seine Kraft als Erlösungsreligion." (Martin Brück)*

Florio verlässt die Stadt Lucca und trifft auf seinem Weg die anderen Reisenden (Fortunato, Pietro, Knaben). Pietro verweist auf das Zwielicht über einer alten Ruine, die Florio seine Begegnungen mit der schönen Dame in Erinnerung ruft und ihn erschaudern lässt. Fortunato singt das Lied mit seiner „klaren fröhlichen Stimme" (S. 44, Z. 24 f.) in dieser bedrückenden Stimmung.
Thematisch zerfällt das Gedicht in drei große Abschnitte:

1. S. 44, Z. 24 bis S. 45, Z. 12: Der Frühling lässt nicht nur die Natur, sondern auch die alte Zaubermacht (antike Götter Italiens) aus dem Göttergrab auferstehen.
2. S. 45, Z. 13 bis S. 46, Z. 8: Nur Frau Venus, deren Schicksal es ist, jeden Frühling aufzuerstehen und dann in Stein zu erstarren, erwacht. Sie findet eine Ruinenwelt ohne ihre Freunde vor.
3. S. 46, Z. 9 bis Z. 24: Die Gottesmutter Maria und Jesus siegen über die antike Venus. Gnade und Glauben stehen dem Aberglauben entgegen, sodass „böse Träume" weggeweht werden.

Es findet zwischen Abschnitt zwei und drei nicht nur eine inhaltliche Wende statt. Diese wird auch sprachlich durch die kausale Konjunktion „denn" eingeleitet. Darüber hinaus erzeugt Eichendorff durch die verwendeten Adjektive (still, mild, himmlisches, lichten) und die vorherrschende Lichtmetaphorik (Regenbogen, lichte Räume, Morgenluft) einen deutlichen Kontrast zu den anderen zwei Abschnitten. Besonders im zweiten Abschnitt wird eine trostlose Stimmung durch die Adjektive und Verben (öd, stumm, zieht ein und aus, schläft, ruht, einsam, irre, tiefe, bleich, untergehen) erzeugt. Dadurch verdeutlicht er inhaltlich und sprachlich einen Triumph des Christentums über die Götterwelt der Antike.

 Die bisher erarbeiteten Ergebnisse sollten mithilfe des Unterrichtsgesprächs in ein zusammenfassendes Tafelbild münden:

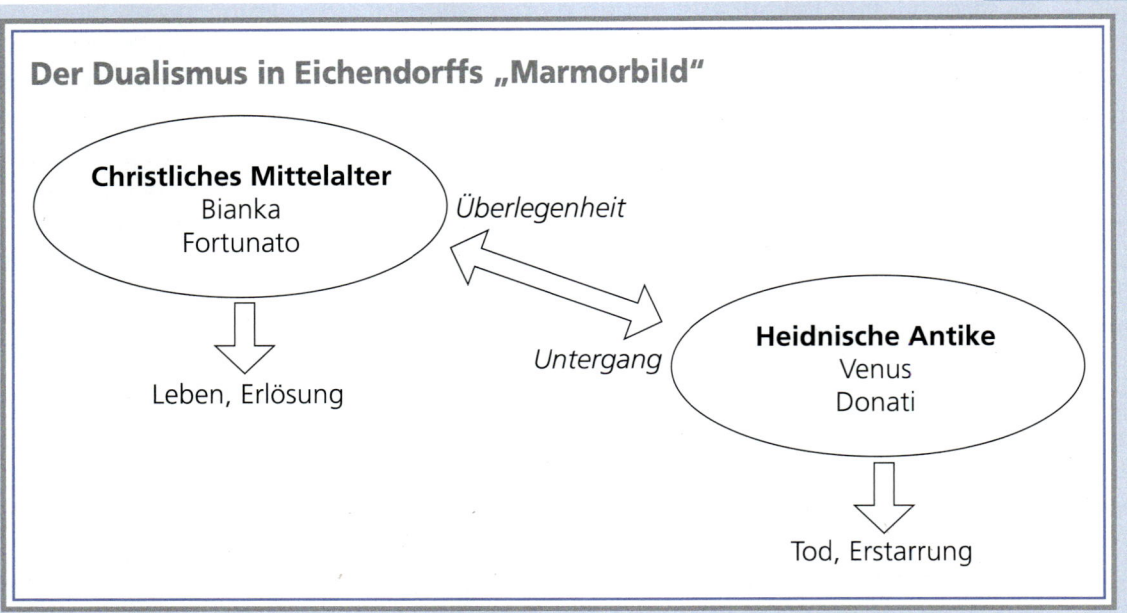

Der Dualismus in Eichendorffs „Marmorbild"

Christliches Mittelalter
Bianka
Fortunato

Überlegenheit

Leben, Erlösung

Untergang

Heidnische Antike
Venus
Donati

Tod, Erstarrung

Als vertiefende Schreibaufgabe bietet sich folgende Aufgabe an:

■ *Die Venus wird bei Florios erster Begegnung mit einer „Wunderblume" (Textausgabe, S. 18, Z. 9) verglichen. Lesen Sie den Zusatztext „‚Die blaue Blume' als Symbol der Sehnsucht" (Textausgabe, S. 75 f.). Klären Sie die Bedeutung der Blume in diesem Text. Erläutern Sie anschließend, warum Eichendorff das Blumensymbol bei Florios erster Begegnung mit der Venus verwendet.*

Notizen

_____

_____

_____

_____

_____

_____

_____

_____

_____

Die Einführung der Personen in die Handlung

■ Lesen Sie die angegebenen Seiten in Ihrer Erzählung und sichten/unterstreichen Sie während des Lesevorgangs wichtige Aspekte, die zu den angegebenen Kategorien passen. Füllen Sie anschließend die Tabelle in Stichpunkten aus und formulieren Sie ein Fazit Ihrer Ergebnisse.

Personen → Kategorien ↓	Florio (S. 5 bis 7, Z. 3)	Venus (S. 17, Z. 30 bis 19, Z. 2)	Bianka (S. 7, Z. 10 bis 9, Z. 35)	Donati (S. 13 Z. 18 bis 15, Z. 29)	Fortunato (S. 5 bis 8, Z. 10)
Name	lt. *florere* = „blühen"	röm. Göttin = im Gegensatz zur griech. Göttin Aphrodite neben der Liebe und Sexualität auch verantwortlich für den gesamten Bereich der Vegetation	ital. *bianco* = „weiß" im Sinne von keusch, unschuldig	wahrscheinlich Bezug auf Bischof Donatus (4. Jh.), der mit seiner Lehre eine Kirchenspaltung (Schisma) bewirkte = Irrlehrer	ital. *fortunato* = glücklich; lt. *fortuna* = „das Glück"
Äußere Erscheinung					
Charakterzüge					
Wirkung auf andere					
→ FAZIT					

Die Einführung der Personen in die Handlung – Lösung

■ *Lesen Sie die angegebenen Seiten in Ihrer Erzählung und sichten/unterstreichen Sie während des Lesevorgangs wichtige Aspekte, die zu den angegebenen Kategorien passen. Füllen Sie anschließend die Tabelle in Stichpunkten aus und formulieren Sie ein Fazit Ihrer Ergebnisse.*

Personen → Kategorien ↓	Florio (S. 5 bis 7, Z. 3)	Venus (S. 17, Z. 30 bis 19, Z. 2)	Bianka (S. 7, Z. 10 bis 9, Z. 35)	Donati (S. 13 Z. 18 bis 15, Z. 29)	Fortunato (S. 5 bis 8, Z. 10)
Name	lt. *florere* = „blühen"	röm. Göttin = im Gegensatz zur griech. Göttin Aphrodite neben der Liebe und Sexualität auch verantwortlich für den gesamten Bereich der Vegetation	ital. *bianco* = „weiß" im Sinne von keusch, unschuldig	wahrscheinlich Bezug auf Bischof Donatus (4. Jh.), der mit seiner Lehre eine Kirchenspaltung (Schisma) bewirkte = Irrlehrer	ital. *fortunato* = glücklich; lt. *fortuna* = „das Glück"
Äußere Erscheinung	junger Edelmann, Reiter, schöner Jüngling	Venusbild aus Marmor, das lebendig zu werden scheint, lebendig und tot zugleich	hübsch, lieblicher Anblick, fast kindliche Gestalt, „wie ein Bild des Frühlings"	schlanker, prachtvoll gekleideter Ritter, schönes, aber wüstes Gesicht, irre flammender Blick, Sonderling	Reiter in bunter Tracht, prächtige Erscheinung, Sänger
Charakterzüge	aufnahmefähig, empfindsam, schüchtern, unschuldig, in Aufbruchsstimmung, musikalisch	wechselhaft: Anblick weckt liebliche Gedanken, aber erschreckt auch zugleich	fröhlich, schüchtern, anmutig, verliebt	wechselhaft (freundlich – aufbrausend), gesprächig, undurchschaubar	lebenslustig, direkt, kontaktfreudig, gottesfürchtig
Wirkung auf andere	positive Erscheinung, naiv, benötigt stellenweise Zuspruch	verstörend, aufwühlend	einnehmendes Wesen, weckt Beschützerinstinkte, beliebt	unheimlich, verschreckend, gehört nicht dazu	einnehmendes Wesen, guter Unterhalter, von allen anerkannt, Berühmtheit
→ FAZIT	gut aussehender junger Mann, der alle Anlagen zu einer positiven Entwicklung in sich trägt	äußere Schönheit blendet und lässt den Betrachter in Verwirrung zurück, negativ besetzt	positive Einführung, die auf eine baldige Verbindung mit Florio schließen lässt	negativ, scheint das männliche Pendant zur Venus zu sein	positiv, verbindet alles und wirkt schlichtend, helfend

Florios Traum von den Sirenen (Folie)

„da war es ihm, als führe er mit schwanenweißen Segeln einsam auf einem mondbeglänzten Meer. Leise schlugen die Wellen an das Schiff, Sirenen tauchten aus dem Wasser, die alle aussahen wie das schöne Mädchen mit dem Blumenkranze vom vorigen Abend. Sie sang so wunderbar traurig und ohne Ende, als müsse er vor Wehmut untergehen. Das Schiff neigte sich unmerklich und sank langsam immer tiefer und tiefer – da wachte er erschrocken auf." (Textausgabe, S. 16, Z. 4–12)

■ *Betten Sie das vorliegende Zitat in den Handlungskontext ein. Stellen Sie Vermutungen darüber an, welche Funktion der Traum für den weiteren Handlungsverlauf haben könnte.*

■ *Erläutern Sie in einem zweiten Schritt, inwieweit der Traum von der Realität, hier dem tatsächlichen Novellenausgang, abweicht.*

Florios Wandlung im Verlauf der Novelle: Anfangs- und Endpunkt

- *Anfangspunkt: S. 14, Z. 10 bis S. 15, Z. 32*
  - *a) Analysieren Sie Florios Auftreten in dem angegebenen Textauszug.*
  - *b) Achten Sie auf die sprachliche Umsetzung der Inhalte.*

- *Endpunkt: S. 46, Z. 25 bis 49*
  - *a) Analysieren Sie Florios „Aufklärung" in dem angegebenen Textauszug. Achten Sie insbesondere auf den Moment, in dem er Bianka erkennt.*
  - *b) Achten Sie auf die sprachliche Umsetzung der Inhalte.*

Fiktion: Sirenentraum (Vorausdeutung: Ankündigung des Untergangs)	Realität: Sehnsucht nach etwas Größerem; innere Abkehr von Bianka

Florios Ankunft in Lucca, Fest, Begegnung mit Bianka →

Auszug aus Lucca, Erkennen Biankas und damit der wahren Liebe →

Auftreten Florios	Florios „Aufklärung"
Sprachliche Umsetzung	Sprachliche Umsetzung

70

BS 3

Florios Wandlung im Verlauf der Novelle: „Zwischenstationen" (Folie)

■ *Gruppe 1: S. 17, Z. 30 bis S. 19, Z. 2*

 a) Analysieren Sie Florios Erlebnis in dem angegebenen Textauszug.
 b) Halten Sie Ihre Ergebnisse in Stichpunkten fest.

■ *Gruppe 2: S. 21, Z. 24 bis S. 24, Z. 24*

 a) Analysieren Sie Florios Verhalten in dem angegebenen Textauszug.
 b) Halten Sie Ihre Ergebnisse in Stichpunkten fest.

■ *Gruppe 3: S. 28, Z. 10 bis S. 35, Z. 9*

 a) Analysieren Sie Florios „Zerrissenheit" in dem angegebenen Textauszug. Unterstützend können Sie auch das Gemälde „Himmlische und irdische Liebe" auf S. 75 Ihrer Textausgabe hinzunehmen.
 b) Halten Sie Ihre Ergebnisse in Stichpunkten fest.

■ *Gruppe 4: S. 36, Z. 31 bis S. 39, Z. 24*

 a) Analysieren Sie Florios Verhalten in dem angegebenen Textauszug. Achten Sie insbesondere auf Besonderheiten seiner Wahrnehmung.
 b) Halten Sie Ihre Ergebnisse in Stichpunkten fest.

■ *Gruppe 5: S. 39, Z. 25 bis S. 43, Z. 11*

 a) Analysieren Sie Florios Verhalten und Reaktionen in dem angegebenen Textauszug. Achten Sie insbesondere auf die Funktion seiner Bitte „Herrgott, lass mich nicht verloren gehen in der Welt!" (S. 40, Z. 32 f.) und das Auftreten Fortunatos.
 b) Halten Sie Ihre Ergebnisse in Stichpunkten fest.

Florios Zuneigung zu Bianka

Stationen der Begegnung:

- Bild 1, Gruppe 1: S. 7, Z. 4 bis Z. 30

- Bild 2, Gruppe 2: S. 8, Z. 27 bis S. 9, Z. 33

- Bild 3.1, Gruppe 3: S. 28, Z. 1 bis Z. 18 und S. 29, Z. 6 bis Z. 33

- Bild 3.2, Gruppe 4: S. 34, Z. 5 bis S. 35, Z. 32

- Bild 4, Gruppe 5: S. 43, Z. 21 bis Z. 37 und S. 49, Z. 5 bis S. 49

→ **Lesen Sie die Angaben für Ihre Gruppe und bauen Sie mit Ihrer Gruppe eine Stimmenskulptur des Paares.**

Stimmenskulptur

Eine Stimmenskulptur hat die Aufgabe, besonders innere Haltungen (Meinungen, Gefühle) für andere sichtbar zu machen. Die Eindrücke und Haltungen, die dem Leser nur indirekt vermittelt werden, kom-
5 men hier also interpretierend zum Ausdruck.
Die Personen (Florio, Bianka) werden in einer bestimmten Situation aufgebaut. Die restlichen Gruppenmitglieder gehen nacheinander hinter die Personen, übernehmen deren Stimme und sagen ein
10 oder zwei Sätze, die ihr durch den Kopf gegangen sein können. Die „Stimmen" hinter dem Standbild geben dem Gesagten durch Lautstärke und Intonation einen bestimmten Gestus. Danach verharren sie in einer für ihre Aussage charakteristischen Position.
15 Nach dem Aufbau der Stationen können die verschiedenen Stimmen von der Lehrperson nochmals abgerufen, koordiniert und kontrastiert werden. Der Lehrer/Die Lehrerin zeigt auf die entsprechenden Repräsentanten, die dann ihren Satz sagen. Die Rei-
20 henfolge der Stimmen kann variiert werden, einzelne Stimmen können auch mehrmals hintereinander abgerufen werden usw. Die eigentlichen Personen (Florio, Bianka) kommentieren, welche Stimmen ihnen fehlen, welche wegen ihrer Bedeutung näher heran-
25 geholt, welche hinten angestellt werden müssen, weil sie nur am Rande eine Rolle spielen usw.

Aus: Ingo Scheller: Szenisches Spiel. Handbuch für die pädagogische Praxis. Cornelsen Verlag Scriptor, Berlin 2007, 5. Auflage

Analyse der Beziehung zwischen Bianka und Florio (Schülerbeispiel)

■ *Die Aufgabe für diesen Aufsatz lautete: Analysieren und charakterisieren Sie die Beziehung zwischen Bianka und Florio in der Novelle „Das Marmorbild" von Joseph von Eichendorff. Belegen Sie Ihre Aussagen am Text.*

Bearbeiten Sie das vorliegende Schülerbeispiel nach folgenden Kriterien: Struktur/Aufbau des Aufsatzes, Qualität des Inhalts, Zitiertechnik/Qualität der Zitate, verwendete Sprache. Verfassen Sie anschließend eine ausführliche, begründete Beurteilung. Orientieren Sie sich auch an den in der Textausgabe, S. 91 ff., enthaltenen Hilfestellungen.

Die Novelle „Das Marmorbild" von Joseph von Eichendorff handelt von dem Jüngling Florio, der durch den Einfluss von Realität und Traumwelt schließlich seinen Lebensweg und den Eintritt ins
5 Erwachsenwerden findet.
Elementar für Florios Entwicklung vom Jungen zum Mann ist die Beziehung zu Bianka. Diese soll im Folgenden näher untersucht werden.
Die beiden begegnen sich zum ersten Mal auf dem
10 Festplatz. Bianka erscheint Florio als Ballspielerin. Ihr Hauptattribut, der Blumenkranz, kommt bereits hier zur Geltung und zieht sich durch den weiteren Verlauf der Handlung. Neben ihrem Namen, der ihr unschuldiges, reines und sündenloses Wesen unter-
15 streicht (sprechender Name: bianco – weiß), steht der Kranz für sie als „ein fröhliches Bild des Frühlings" (S. 7, Z. 19 f.), also für ihre Jugend und Schönheit. Zu bemerken ist bei diesem Zusammentreffen, dass Bianka Florio vor allen anderen in den Blick fällt und
20 er demnach von vornherein großes Gefallen an ihr findet. „Besonders zog die eine durch ihre zierliche, fast noch kindliche Gestalt und die Anmut aller ihrer Bewegungen Florios Augen auf sich" (S. 7, Z. 14–17). Ausschlaggebend ist hier das Wort „besonders", denn
25 es verweist auf einen hohen Stellenwert.
Innerlich befindet sich Florio jedoch in freiheitlicher, erwartungsvoller und Abenteuer suchender Stimmung, was letztlich der Grund für die Unterschätzung seiner Zuneigung zu Bianka sein könnte.
30 Zu einer Annäherung kommt es, als die beiden sich inmitten einer kleinen Gesellschaft in einem der Zelte versammeln. An dieser Stelle wird deutlich, dass die zurückhaltende Bianka schon längst ihr Herz an den schönen Florio verschenkt hat. „Sie erkannte ihn
35 sogleich wieder und saß still und schüchtern da, aber die langen furchtsamen Augenwimpern hüteten nur schlecht die dunkel glühenden Blicke" (S. 8 f., Z. 36–2). Unter Einfluss von Alkohol traut sich der zuweilen scheue und unsichere Jüngling, um es den
40 anderen Männern gleich zu tun, ein kurzes Gesangsstück für sein „Liebchen" (S. 9, Z. 34) vorzutragen

und die errötende Bianka anschließend zu küssen. Allerdings entsteht unmittelbar nach diesem Ausdruck der Annäherung erst einmal eine Entfremdung, hervorgerufen durch die jugendliche Triebhaftigkeit 45 Florios. Seine nun geweckte Sehnsucht nach sinnlich körperlicher Liebe verarbeitet er in einer Art Traumwelt, wobei diese von ihm selbst nicht als solche wahrgenommen wird. Er trifft in der Nacht auf Venus, von deren perfekter Schönheit er überwältigt ist 50 und sich aufgrund seiner Neugier verführen lässt. Die Venus begegnet ihm wie eine „plötzlich erkannte Geliebte" (S. 18, Z. 8 f.), auf der nun sein Fokus liegt. Bianka ist zu diesem Zeitpunkt in Vergessenheit geraten, „[denn] die reizende Kleine mit dem Blumen- 55 kranze war es lange nicht mehr, die er eigentlich meinte" (S. 17, Z. 22–24).
Auf der Feier im Landhaus Pietros sehen sich Bianka und Florio wieder. Da sie aber diesmal maskiert ist, erkennt er sie nicht, zumal sie „die schönen Haare in 60 künstliche Kränze geflochten" (S. 28, Z. 13 f.) trägt. Während des Abends verlieren die zwei sich immer wieder aus den Augen und plötzlich erblickt Florio ein Doppelbild der als Griechin verkleideten jungen Frau. Aber da kann der Jünglich Bianka und Venus 65 kaum noch unterscheiden. Die Traumwelt verschmilzt geradezu mit der Wirklichkeit. Selbst als Bianka beim gemeinsamen Tanz auf ihre Identität aufmerksam macht, weiß Florio nicht recht, mit wem er es zu tun hat. Nachdem er von einem Spaziergang 70 mit Venus zurückgekehrt ist und wieder auf Bianka trifft, hat diese keinen Blumenkranz mehr im Haar. „Man sagt, dass einem Mädchen, wenn sie in einem aus neunerlei Blumen geflochtenen Kranze einschläft, ihr künftiger Bräutigam im Träume erscheine" (S. 35, 75 Z. 23–26). Der Umstand, dass Bianka Florio in ihrem Traum gesehen hat, unterstützt in dieser Szene das Blumenkranzmotiv. Dadurch, dass sie diesen nicht mehr trägt, wird symbolisch ihre Enttäuschung und Niedergeschlagenheit über die Abwendung des Ge- 80 liebten, der „ja so zerstreut, so kalt und fremde!" (S. 35, Z. 28 f.) geworden ist, ersichtlich. Sie hat an

dieser Stelle alle Hoffnungen hinsichtlich Florio aufgegeben.

85 Dessen ungeachtet begegnet Florio Venus erneut. Dabei steckt er in einem Zwiespalt: Er empfindet einerseits durch die Verblendung ein unbestimmtes Verlangen, andererseits versucht er angsterfüllt, sich auf die Wirklichkeit zu besinnen (vgl. Stoßgebet, S. 40).

90 Schließlich gewinnt aber die reale Welt die Oberhand und Florio flüchtet ein für alle Mal von Venus. Somit hat er seine jugendlichen Fantasien überwunden und ist bereit für die wahre, moralische Liebe, die er bis dahin schier verkannt hat.

95 Auf dem Weg aus der Stadt Lucca trifft Florio auf Biankas Onkel Pietro und Fortunato, die in Begleitung eines Knaben ebenfalls die Stadt verlassen wollen. In dem Knaben identifiziert er nicht gleich Bianka, denn sie scheint von allen äußerlichen Erscheinungen der

100 Geschlechtsmerkmale befreit. Sie hingegen hat ihren „heiß geliebte[n] Florio" (S. 48, Z. 20) sofort erkannt, gibt sich jedoch nicht zu erkennen, da sie tief verletzt und betrübt wegen seines Verhaltens ist. Trotz alledem merkt auch Florio, wer hinter der (Ver-)Kleidung

105 des Knaben steckt und „[nun] erstaunte er ordentlich, wie schön sie war!" (S. 48, Z. 33 f.). Dies ist der Beweis, dass Florio all seine unreife und oberflächliche Art abgeworfen hat und nun erwachsener ist. Er sieht Bianka als seine wahre Liebe, auch wenn sie äußerlich durch ihre Verkleidung keine besondere 110 Anziehungskraft auf ihn ausübt. Bianka ist Florios Rettung und Erlösung. Nicht umsonst wird sie als „ein heiteres Engelsbild" (S. 49, Z. 13) bezeichnet. Zusammenfassend kann man sagen, dass die Beziehung einen wechselhaften Charakter aufweist. Zu- 115 nächst führt die Handlung Bianka und Florio einander zu, doch dann entfremden sie sich so sehr voneinander, dass scheinbar alle Hoffnungen vergebens sind. Am Ende jedoch, als Florio endlich einsieht, dass „[e]ine seltsame Verblendung […] bisher 120 seine Augen wie mit einem Zaubernebel umfangen" (S. 48, Z. 32 f.) hatte, steht dem Glück der wahren, wirklichen Liebe nichts mehr im Wege.

Das Verhältnis der beiden entwickelt sich über das ganze Werk in direktem Zusammenhang mit Florios 125 persönlicher Entwicklung. An der Beziehung wird jeweils deutlich, inwieweit er seine jugendliche Freimütigkeit bewältigt und stückweise erwachsener geworden ist. Seine Entfaltung zum liebensfähigen Mann endet mit der glücklichen, festen Verbindung 130 zu Bianka.

Venus – Bianka, Donati – Fortunato (Folie)

„Florio wurde recht heimatlich zumute, als darauf der frische, klare Sänger **Fortunato**, wie ein Bote des Friedens, zu ihm ins Zimmer trat." (S. 26, Z. 36 bis S. 27, Z. 1)

„In die übrige Gesellschaft indes schien **Donati**, so nannte sich der Ritter, nirgends hineinzupassen. Eine ängstliche Störung, deren Grund sich niemand anzugeben wusste, wurde überall sichtbar." (S. 14, Z. 4 bis 7)

„Sie [**Bianka**] hatte einen vollen, bunten Blumenkranz in den Haaren und war recht wie ein fröhliches Bild des Frühlings anzuschauen, wie sie so überaus frisch bald über den Rasen dahinflog" (S. 7, Z. 18 bis 21)

„Je länger er hinsah, je mehr schien es ihm, als schlüge es die seelenvollen Augen langsam auf, als wollten sich die Lippen bewegen zum Gruße, als blühe Leben wie ein lieblicher Gesang erwärmend durch die schönen Glieder herauf. [...] [D]as **Venus**bild, so fürchterlich weiß und regungslos, sah ihn fast schreckhaft mit den steinernen Augenhöhlen aus der grenzenlosen Stille an." (S. 18, Z. 11 bis 22)

◼ *Erklären Sie, inwieweit es sich bei den vorliegenden Zitaten um Kernaussagen über die Figuren handelt. Wodurch wird ein Kontrast, vergleichbar mit der Einführung der Personen in die Handlung, deutlich? Lassen sich Personengruppen bilden?*

Der Dualismus der Figuren: Bianka – Venus

■ *Bearbeiten Sie die nachfolgenden Textstellen und machen Sie sich zu den unten stehenden Kategorien Stichpunkte:*
a) Bianka: S. 7, Z. 16–30; S. 8, Z. 36 bis S. 9, Z. 2; S. 35, Z. 17–32; S. 49, Z. 11–19
b) Venus: S. 18, Z. 7–29; S. 22, Z. 23–39; S. 32, Z. 22–37; S. 40, Z. 16 bis S. 41, Z. 23

■ *Überlegen Sie, warum Eichendorff diesen Dualismus gewählt haben könnte.*

Bianka
–
Venus

Erscheinungsbild
(Charakter)

Beziehung zu Florio
(Verhalten, Auftreten)

(Stimmungs-)Wechsel

mögliche symbolische
Bedeutung

Der Dualismus der Figuren: Bianka – Venus (Lösung)

■ *Bearbeiten Sie die nachfolgenden Textstellen und machen Sie sich zu den unten stehenden Kategorien Stichpunkte:*
a) Bianka: S. 7, Z. 16–30; S. 8, Z. 36 bis S. 9, Z. 2; S. 35, Z. 17–32; S. 49, Z. 11–19
b) Venus: S. 18, Z. 7–29; S. 22, Z. 23–39; S. 32, Z. 22–37; S. 40, Z. 16 bis S. 41, Z. 23

■ *Überlegen Sie, warum Eichendorff diesen Dualismus gewählt haben könnte.*

**Bianka
–
Venus**

Bianka	**Erscheinungsbild (Charakter)**	Venus
Bild des Frühlings frisch, fröhlich, anmutig, heiter schöne große Augen		blühendes Leben vs. Stein/Tod Schönheit/Leben vs. Regungslosigkeit goldenes Haar fällt über weiße Achseln
schüchtern verliebt (glühende Blicke, errötend)	**Beziehung zu Florio (Verhalten, Auftreten)**	Dame, Herrin (wohnt in einem Palast) unnahbar verführend (Schlange), teuflisch
enttäuschte Hoffnung auf eine erfüllte Liebe mit Florio (Tränen, Verzweiflung, Zerstörung des Kranzes)	**(Stimmungs-)Wechsel**	Widerspruch (ständiger Wechsel zwischen Leben und Tod)
Leben, Frühling	**mögliche symbolische Bedeutung**	Tod, Erstarrung

Der Dualismus der Figuren: Fortunato – Donati

■ *Bearbeiten Sie die nachfolgenden Textstellen und machen Sie sich zu den unten stehenden Kategorien Stichpunkte:*
a) Fortunato: S. 15, Z. 17–29; S. 19, Z. 3–29; S. 20, Z. 7–24, S. 32, Z. 38 bis S. 33, Z. 36; S. 44, Z. 3 bis S. 47, Z. 28
b) Donati: S. 13, Z. 18–28; S. 14, Z. 39 bis S. 15, Z. 16; S. 23, Z. 31 bis S. 24, Z. 2; S. 26, Z. 1–35

■ *Überlegen Sie, warum Eichendorff diesen Dualismus gewählt haben könnte.*

Fortunato – Donati

Erscheinungsbild
(Charakter)

Beziehung zu Florio
(Verhalten, Auftreten)

(Stimmungs-)Wechsel

mögliche symbolische
Bedeutung

Der Dualismus der Figuren: Fortunato – Donati (Lösung)

■ Bearbeiten Sie die nachfolgenden Textstellen und machen Sie sich zu den unten stehenden Kategorien Stichpunkte:
a) Fortunato: S. 15, Z. 17–29, S. 19; Z. 3–29; S. 20, Z. 7–24, S. 32, Z. 38 bis S. 33, Z. 36; S. 44, Z. 3 bis S. 47, Z. 28
b) Donati: S. 13, Z. 18–28; S. 14, Z. 39 bis S. 15, Z. 16; S. 23, Z. 31 bis S. 24, Z. 2; S. 26, Z. 1–35

■ Überlegen Sie, warum Eichendorff diesen Dualismus gewählt haben könnte.

Fortunato – Donati

Fortunato		Donati
berühmter Sänger freundlich, unbekümmert, zuversichtlich gottesfürchtig	**Erscheinungsbild (Charakter)**	reich geschmückter Ritter wirkt wie der Teufel (irre flammender Blick, tiefe Augenhöhlen, bleiche Lippen) schlafend wie ein Toter
Unterstützer und Förderer gibt ihm Zuspruch Mahner Retter	**Beziehung zu Florio (Verhalten, Auftreten)**	Verführer (will ihn z. B. vom Gottesdienst abhalten) „Verbindungsglied" zur Venus
freundlich und höflich; aber: deutliche Worte in Bezug auf Florios Träumerei und seine Beziehung zu Donati (Kritik)	**(Stimmungs-)Wechsel**	Widersprüchlicher Charakter: gebildet, gesittet vs. unkontrolliert (Zorn, Wildheit)
das Gute: frommer, redlicher Sänger und Dichter	**mögliche symbolische Bedeutung**	das Böse: Gehilfe der Venus

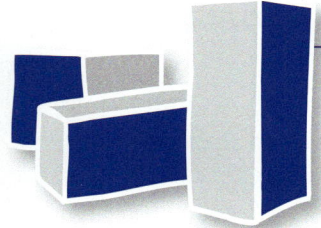

Literarische Gestaltung

In diesem Baustein erfolgt die Auseinandersetzung mit der literarischen Gestaltung. Dabei werden die romantischen Motive, strukturelle Auffälligkeiten der Erzählung sowie Besonderheiten der Sprache Eichendorffs beleuchtet.

4.1 Romantische Themen und Motive

Im Zuge der Beschäftigung mit der Novelle ist es notwendig, typische romantische Merkmale, die Eichendorff verdichtet bereits in den Erzähleingang integriert, zu behandeln. Dafür wird den Schülerinnen und Schülern eine Art Zuordnungsaufgabe an die Hand gegeben (vgl. **Arbeitsblatt 22**, S. 93). Sie erhalten typische romantische Motive und sollen passende Textzitate aus der Erzählung dazu finden.

■ *Suchen Sie zu den nachfolgenden romantischen Motiven passende Textzitate. Notieren Sie sich die Fundstelle. (Wenn Sie nicht fündig werden, lassen Sie das entsprechende Stichwort frei. Sollte Ihnen ein Stichwort fehlen, ergänzen Sie es.)*

Grundsätzlich lassen sich alle genannten Aspekte in der Erzählung wiederfinden und an einer Vielzahl unterschiedlicher Textstellen nachweisen. Beispiele finden sich auf dem Lösungsblatt, S. 95.
Der Austausch der Ergebnisse kann im Plenum oder in Kleingruppen stattfinden.

Vertiefend bietet sich nun der Blick auf den Erzähleingang an. Die gestellte Aufgabe kann in Einzelarbeit bearbeitet werden.

■ *Lesen Sie den Erzähleingang (Textausgabe, S. 5 bis 9, Z. 33) nochmals und unterstreichen Sie die vorkommenden romantischen Motive. Tauschen Sie sich anschließend mit Ihrer Sitznachbarin/Ihrem Sitznachbarn aus, zu welchem Ergebnis Sie gekommen sind.*

Im Erzähleingang verwendet Eichendorff bereits folgende Motive: Mittelalter (Florio als junger Edelmann, Reiter in bunter Tracht, Anspielung auf die alten Meister), Sangeskunst/Musik (Fortunato, Florio, Lied), Wanderschaft (Reise Florios), Sehnsucht (Suche Florios nach Freiheit), Natur (Naturschilderung), Liebe (erste Begegnung mit Bianka), Religion/Glaube (Gottesfürchtigkeit Fortunatos); indirekte Verarbeitung: Fantasie/Traum (= Gefährdung): Verweis auf den wunderbaren Spielmann und den Zauberberg durch Fortunato.

Im Anschluss daran kann im Unterrichtsgespräch die Frage gestellt werden, warum Eichendorff zu dieser Verdichtung greift.

■ *Überlegen Sie, warum Eichendorff bereits alle wichtigen Motive in den Erzähleingang integriert hat.*

Im Kern werden die Schülerantworten sicherlich immer wieder aufgreifen, dass der Leser in die Handlung eingeführt werden soll, wichtige Themen bereits hier anklingen und auf kommende Abschnitte vorbereiten sollen. Die Einführung dient also als Ouvertüre bzw. als Exposition. (Dies lässt die Frage aufkommen, wie Eichendorff seine Novelle aufgebaut hat, s. **Baustein 4.2**)
Die Ergebnisse sollten in ein zusammenfassendes Tafelbild münden:

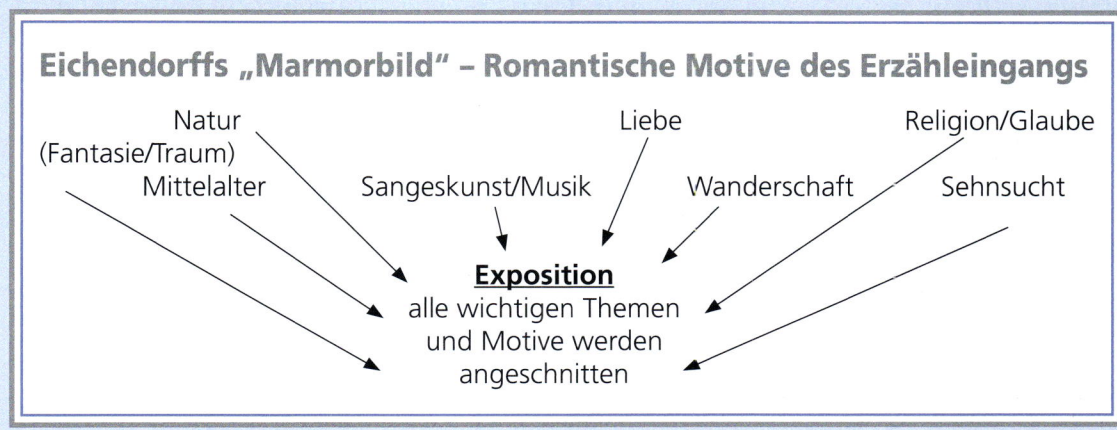

Als vertiefende Schreibaufgabe bietet sich die Bearbeitung einer anderen „Exposition" an (vgl. **Arbeitsblatt 23**, S. 96 f.).

■ *Arbeiten Sie die Themen und Motive des vorliegenden Erzähleingangs von Eichendorffs Novelle „Aus dem Leben eines Taugenichts" heraus.*

In dem Abschnitt lassen sich folgende Motive finden: Aufbruch/Wanderschaft, Frühling, Musik (Geige, Lieder), Abgrenzung zur Arbeit (Müßiggang, Taugenichts), Begegnung mit einer Schönen (Liebe), Natur/Landschaft, Gottesfürchtigkeit (Lied des Taugenichts), Schloss, Türme von Wien (Mittelalter).
Auch diese Ergebnisse sollten in ein Tafelbild münden, um den Schülerinnen und Schülern den nächsten Arbeitsauftrag zu erleichtern (s.u.).

Eichendorffs „Aus dem Leben eines Taugenichts" – Romantische Motive des Erzähleingangs

Müßiggang: „… wischte mir den Schlaf aus den Augen…"
Aufbruch/Wanderschaft: „…freie Welt …"; Frühling: „Der Frühling ist vor der Tür…"
Musik: „… da nahm ich meine liebe Geige vor und spielte und sang…"
Liebe: „Die eine war besonders schön und jünger als die andere …"
Natur: „… über mir unzählige Lerchen in der klaren blauen Luft …"
Gottesfurcht: „Wem Gott will rechte Gunst erweisen …"
Mittelalter: „… zwischen Säulen in ein prächtiges Schloss …"

Nach diesem ersten Untersuchungsschritt sollen die Schülerinnen und Schüler analog zum Wissen, dass auch hier eine Exposition vorliegt, Vermutungen über den Fortgang der Handlung anstellen.

■ *Stellen Sie im Anschluss daran Vermutungen über den weiteren Handlungsverlauf an.*

Es ist anzunehmen, dass die Schülerinnen und Schüler besonders die Verwicklungen des Taugenichts in Liebesdingen ansprechen werden. Darüber hinaus liegt es aufgrund seines Namens auf der Hand, dass er wahrscheinlich durch seinen Müßiggang in der Gesellschaft (ebenso wie zu Hause) anecken wird. Auch eine mögliche Rückkehr zur Mühle des Vaters könnte vermutet werden, wenn die Schülerinnen und Schüler parallel zur Entwicklung Florios im „Marmorbild" eine Entwicklung des Taugenichts annehmen.

Wichtig ist, dass die Vermutungen mit dem tatsächlichen Handlungsverlauf verglichen werden, um die Funktion des Handlungseingangs wie beim „Marmorbild" endgültig nachvollziehen zu können. Dies kann als Arbeitsauftrag an die Lerngruppe weitergegeben werden:

■ *Vergleichen Sie Ihre Ergebnisse mit dem tatsächlichen Handlungsverlauf der Novelle „Aus dem Leben eines Taugenichts" von Eichendorff.*

4.2 Aufbau und sprachliche Gestaltung

4.2.1 Struktur und Aufbau

Bei der Struktur der Erzählung fallen insbesondere der Wechsel der Landschaften und die Tageszeiten auf: Begegnungen mit Donati bzw. der Venus finden <u>vor</u> den Toren Luccas am Abend/in der Nacht meist an geheimnisvollen (abgegrenzten) Orten statt, während Treffen mit Fortunato bzw. Bianka häufig in Gesellschaft und bei Sonnenaufgang/am Tag vonstatten gehen.

Bei der Untersuchung des Aufbaus fällt die Ähnlichkeit mit dem Aufbau des klassischen Dramas ins Auge. Aus diesem Grund sollen sich die Schülerinnen und Schüler zunächst den Aufbau des klassischen Dramas (wiederholend) verdeutlichen (s. **Arbeitsblatt 24**, S. 98 f.), um davon ausgehend die Struktur der vorliegenden Erzählung nachzuweisen oder zu falsifizieren.

■ *Schauen Sie sich den Aufbau des klassischen Dramas nach Gustav Freytag an. Lesen Sie nach, welche Funktion den einzelnen Akten zukommt.*

In dem sich anschließenden Unterrichtsgespräch ist es wichtig, dass den Schülerinnen und Schülern die fünfstufige Struktur und die einzelnen Funktionen der Akte (Exposition, steigende Handlung mit erregendem Moment, Höhe- und Wendepunkt, fallende Handlung mit retardierendem Moment, Katastrophe) bewusst sind. Denn nur dadurch lässt sich eine Übertragung auf die Erzählung „Das Marmorbild" vornehmen.

■ *Überprüfen Sie, ob bzw. inwiefern sich die pyramidale Struktur des Dramas auf die Erzählung „Das Marmorbild" übertragen lässt, indem Sie nach strukturellen/ inhaltlichen Entsprechungen zu den Funktionen (Exposition, steigende Handlung mit erregendem Moment, Höhe- und Wendepunkt, fallende Handlung mit retardierendem Moment, Katastrophe) der Akte suchen.*

Im anschließenden Unterrichtsgespräch sollten die Ergebnisse der Schülerinnen und Schüler gewürdigt werden und für alle in ein zusammenfassendes Tafelbild münden.

Im Grunde genommen fällt auf, dass sich bei Eichendorffs Erzählung bis auf die Schlussgestaltung durchaus enge Parallelen zum fünfaktigen Dramenaufbau finden lassen.

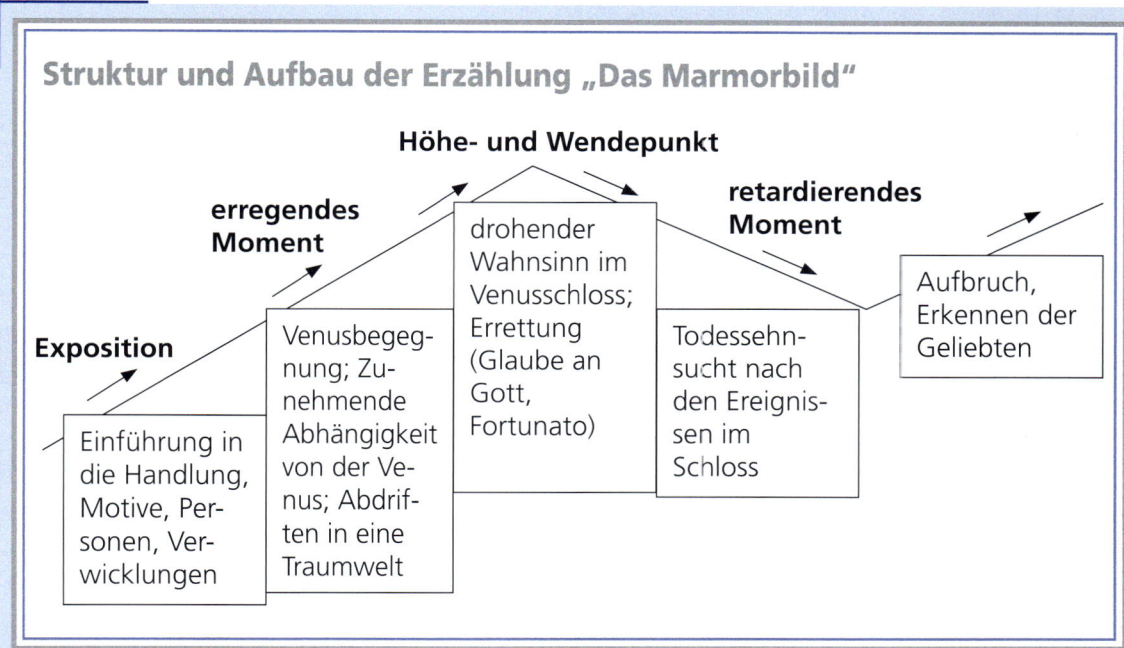

Struktur und Aufbau der Erzählung „Das Marmorbild"

In einer offenen Diskussion oder in Diskussionsgruppen sollte der Frage nachgegangen werden, warum sich Eichendorff insbesondere in Bezug auf das Ende seiner Erzählung von der Geschlossenheit des antiken Dramas löst. Der Arbeitsauftrag weist die Schülerinnen bewusst auf den bereits erarbeiteten Dualismus innerhalb der Novelle hin (vgl. Baustein 3.3), da Eichendorff sich auch durch seine Struktur bewusst von der Antike abgrenzt.

> ■ *Überlegen Sie, warum Eichendorff sich bewusst von dem antiken Dramenaufbau abgrenzt. Berücksichtigen Sie die Analyseergebnisse in Bezug auf den konstruierten Figurendualismus.*

Grundsätzlich sollten folgende Aspekte herausgestellt werden: Auf den ersten Blick scheinen sich beide Strukturen zu gleichen (überschaubare Anzahl von (Standes-)Personen, begrenzter Zeitraum, Gegend um Lucca/Lucca als Ort des Geschehens, Expositon, steigende Handlung). Statt einer Katastrophe oder einer Verklärung des Helden ist der Schluss offen bzw. positiv gestaltet. Florios innere Entwicklung wird ins Zentrum gerückt. Venus/Donati als seine Gegenspieler existieren nicht in der Wirklichkeit. Stattdessen ist es ein „innerer Konflikt", eine Entwicklungsphase Florios, die thematisiert wird. Eichendorff distanziert sich also auch hier von dem antiken (negativen) (Vor-)Bild und lässt das Geschehen ganz im Sinne des christlichen Erlösungsgedankens positiv enden.

4.2.2 Bedeutung der Lieder

Innerhalb des strukturellen Aufbaus nehmen die Lieder in der Novelle eine ganz eigene Rolle ein. Insbesondere die Lieder Fortunatos können als Verdichtungen des Gesamtgeschehens und auch als Wortmeldungen Eichendorffs selbst verstanden werden. Aus diesem Grund sollten sie nochmals gesondert betrachtet werden. Da die Schülerinnen und Schüler bereits durch die Analyse des zweiten längeren Lieds Fortunatos (vgl. Textausgabe S. 44, Z. 26 bis S. 46, Z. 24) im dritten Baustein (vgl. **Baustein 3.2**) erste Einblicke in die Struktur erhalten haben, sollte es ausreichen, zur gemeinsamen Einführung in die Thematik nur ein Lied gemeinsam zu analysieren. Besonders ein Lied Fortunatos erscheint durch seine Dichte schwer zugänglich und sollte daher im Kursverband analysiert werden. Zunächst wird das Lied von einzelnen Arbeitsgruppen bearbeitet, bevor die Ergebnisse im Plenum diskutiert werden.

■ *Textgrundlage: Fortunatos Lied (S. 33, Z. 11–26)*
- *Ordnen Sie das Lied kurz in den Erzählzusammenhang ein.*
- *Gliedern Sie das Gedicht in Sinnabschnitte und geben Sie seinen Inhalt mit eigenen Worten wieder.*
- *Überlegen Sie, warum Eichendorff Fortunato gerade an dieser Stelle dieses Lied singen lässt und welche Wirkung er damit beim Leser erzeugt.*

Florio befindet sich gerade auf dem Maskenball. Nachdem er eine längere Unterhaltung mit Pietro geführt hat, trifft er auf seine Griechin, die sich als die schöne Frau entpuppt. Diese verlässt das Fest, nicht ohne ihn vorher einzuladen. Noch gebannt von dieser Erscheinung wird Florio von Fortunatos Rufen in die Realität zurückgeholt. Fortunato singt ihm entgegen. Nach dieser ersten Begegnung führt er den Jüngling zur Gesellschaft zurück.

Inhaltlich lässt sich das Lied in folgende Abschnitte unterteilen: 1. Atmosphäre: Luft/Duft (Z. 11–14), 2. Ruf der Frau (Z. 15), 3. Reaktion des Mannes (Z. 16–20), 4. Vergänglichkeit des Duftes/Verrinnen der Zeit (Z. 21–22), 5. Vermischung (Z. 23–24), 6. Fazit: keine Veränderung des Zustandes (Z. 25–26). Das Lied handelt von einer verhinderten stillen, heimlichen Begegnung zweier Liebender bei Mondschein: Die Frau lockt mit ihrem Ruf, dem der Mann aber nicht folgen kann, egal was er unternimmt („sternwärts greift"). Die Flüchtigkeit des Mondscheins, in dem alle Gegensätze verschwimmen („Luft in Luft") verhindert ein Zusammenkommen.

Da das Lied wie eine Zauberformel wirkt, fügt es sich gut in den magischen Kontext des Geschehens. Fortunato vermutet hinter Florios langem Wegbleiben eine Begegnung mit einer Frau. Durch den Inhalt des Liedes wird dem Leser vermittelt, dass Fortunato um die Gefährdung Florios in Liebesdingen weiß, selbst wenn er den Jüngling nicht zu dem Geschehen befragt. Dadurch erweist er sich nicht nur vordergründig als Retter Florios, sondern bei genauerem Hinsehen auch als Sprachrohr und Kommentator Eichendorffs: Vorsicht vor zwielichtigen Verführungen!

Die Ergebnisse sollten in einem Tafelbild kurz skizziert werden:

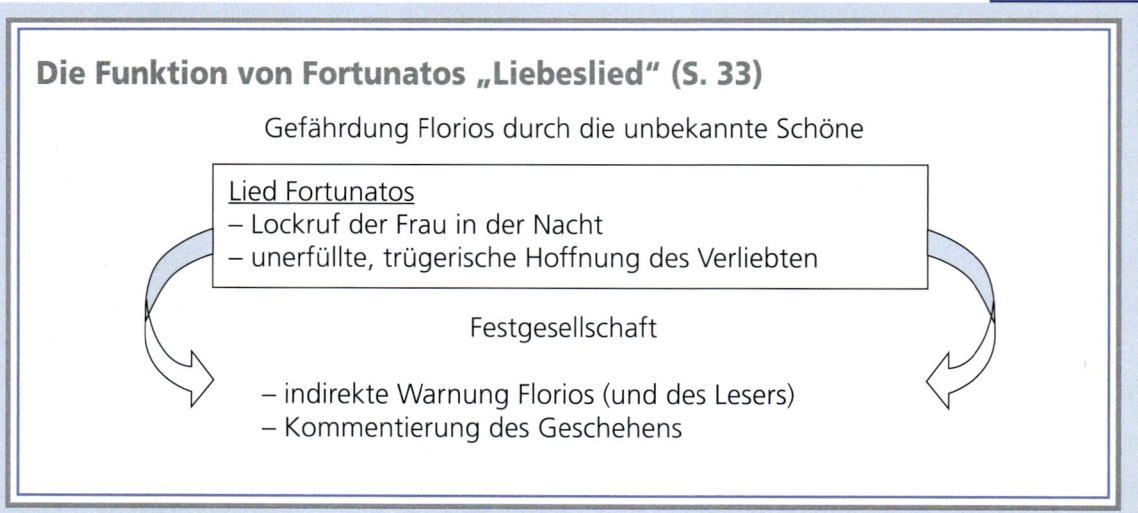

Die Funktion von Fortunatos „Liebeslied" (S. 33)

Gefährdung Florios durch die unbekannte Schöne

Lied Fortunatos
– Lockruf der Frau in der Nacht
– unerfüllte, trügerische Hoffnung des Verliebten

Festgesellschaft

– indirekte Warnung Florios (und des Lesers)
– Kommentierung des Geschehens

Nachdem nun ein Lied gemeinsam besprochen worden ist, sollen die Schülerinnen und Schüler mithilfe eines strukturierten Arbeitsblattes (vgl. **Arbeitsblatt 25**, S. 100) die anderen Lieder der Erzählung untersuchen.

Folgende Lieder werden im Verlauf der Handlung gesungen:

Sänger/Sängerin	Textausgabe Schöningh
Florio	S. 9
Fotunato	S. 10–13
Florio	S. 16–17
Venus	S. 23
Venus (Griechin)	S. 30
Fortunato	S. 33
[Gärtner]	S. 42
Fortunato	S. 44–46
Florio	S. 47–48

■ *Bilden Sie drei Gruppen: Florio, Venus, Fortunato. Analysieren Sie die Bedeutung der Lieder für den Verlauf der Handlung.*

■ *Tauschen Sie Ihre Ergebnisse im Gruppenpuzzle aus und formulieren Sie gemeinsam ein Ergebnis.*

<u>Kurze Erläuterung der Methode ‚Gruppenpuzzle'</u>: Die Gruppen müssen ungefähr gleich groß sein. Nach einer Bearbeitungszeit mischen sich die Gruppen untereinander so, dass für die Besprechungsphase in jeweils jeder Einzelgruppe alle Spezialisten (Venus, Fortunato, Florio) vertreten sind.
Die Ergebnisse der Einzelgruppen können anschließend kurz ins Plenum getragen werden. An dieser Stelle sei darauf verwiesen, dass es sich bei der Lösung (s. S. 101) des Arbeitsblattes 25 um eine Musterlösung handelt. Nicht alle Aspekte müssen von den Schülerinnen und Schülern aufgegriffen werden. Wichtig ist, dass sie erkennen, dass die Lieder kommentierende und erläuternde Funktion besitzen.

Alternativ zu dieser Form des Vorgehens können auch nach der Bearbeitung von Fortunatos Lied je ein Lied der Venus und ein Lied Florios in Partnerarbeit analysiert werden, bevor die Ergebnisse in einen allgemeinen Zusammenhang gestellt werden.

■ *Bearbeiten Sie in Partnerarbeit die folgenden Lieder: Florio (S. 9, Z. 16–21), Venus (S. 23, Z. 3–16). Jeweils ein Partner ist für ein Lied zuständig. Nach der Bearbeitung werden die Ergebnisse untereinander ausgetauscht.*
  ● *Ordnen Sie das Lied kurz in den Erzählzusammenhang ein.*
  ● *Geben Sie seinen Inhalt mit eigenen Worten wieder.*
  ● *Überlegen Sie, welche Funktion dieses Lied hat.*

<u>Florio (S. 9, Z. 16–21)</u>: Florio singt im Rahmen der Festgesellschaft, zu der er bei seiner Ankunft in Lucca gestoßen ist. Dort hat er ein wunderschönes Mädchen (= Bianka) getroffen. Angeheitert, ausgelassen und durch die anderen Gäste animiert singt er seinen Trinkspruch, der ein heimlicher Liebesschwur an Bianka ist. Inhaltlich geht es darum, dass alle anderen Männer eine Liebste haben, nur ein Jüngling bleibt allein. Das liegt daran, dass das Mädchen in seinem Lied nicht nachfragt, wem seine Liebe gilt. Aus diesem Grund bleibt die Liebe unerhört und kann nicht im Frühling erblühen. Formal besteht das einstrophige Lied aus sechs Versen, von denen jeweils zwei eine Sinneinheit darstellen. Der Paarreim und der Trochäus unterstützen die beschwingte Form. Durch eine rhetorische Frage (Z. 18 f.) und

einen Vergleich („wie im Strome", Z. 20) sowie durch das Symbol des Frühlings (Z. 21) wird der Inhalt ausdrucksstark vermittelt.

Wie zur Bestätigung neigt Florio seinen Kopf nach dem Liedvortrag dem Mädchen zu, das den Kuss willig geschehen lässt. Funktional gibt das Lied Florios inneres Empfinden in dieser Situation wieder.

<u>Venus (S. 23, Z. 3–16):</u> Florio gelangt auf der Suche nach der Schönen wie durch Zauberhand in den Venusgarten, der wie ein magischer Ort auf ihn wirkt. In der schönen Sängerin, die glaubt, unbemerkt ihr Lied zu singen, erkennt Florio die Züge des Marmorbildes der letzten Nacht wieder. Danach dringt er immer tiefer in den Garten ein und trifft auf den schlafenden Donati. Inhaltlich geht es um die Fremdbestimmung der Venus, die zu jedem Frühlingsanfang aufs Neue geweckt wird. Das sog. „Frühlingsgefühl" weht durch die Luft und Begehren regiert das Leben. Das Sonett greift in seiner typischen Form die Schönheit und Verführungskunst der Venus auf. Sprachlich dominiert eine bildhafte Sprache (bes. Personifikationen), was den Eindruck der belebten Natur unterstützt. Funktional wird die Bestimmung der Venus und deren Charakter durch das Lied erläutert und unterstrichen.

Im Anschluss daran kann der Austausch im Plenum folgen, sodass die wichtigsten Ergebnisse an der Tafel festgehalten werden können.

■ *Fassen Sie die Hauptfunktionen der Lieder von Fortunato, Venus und Florio zusammen. Warum hat Eichendorff sie in die Handlung eingeflochten?*

Die Funktion der Lieder

<u>Fortunato</u>: Lied als Kommentar, Verallgemeinerung des Geschehens
<u>Florio</u>: Lied als Ausdruck seines inneren Befindens
<u>Venus</u>: Lied als Erläuterung der Bestimmung, des Charakters
→ handlungsunterstützende und erläuternde Elemente

Da jeweils nur ein Lied untersucht wurde, sollten die vorliegenden Ergebnisse an einem anderen Lied überprüft werden. Damit wird ein allgemeiner Kontext hergestellt.

■ *Überprüfen Sie mithilfe der nachfolgenden Lieder, ob bzw. inwiefern sich die vorliegenden Ergebnisse verallgemeinern lassen: Fortunato (S. 10–13), Florio (S. 16 f.), Venus (S. 30).*

Näheres zu diesen Liedern findet sich überblickshaft in der Lösung zu **Arbeitsblatt 25**, S. 101. Wichtig ist, dass die Schülerinnen und Schüler erkennen, dass die Einzelergebnisse tatsächlich verallgemeinert werden können.

Abschließend kann das Lied des Gärtners (Textausgabe, S. 42), das bei der Besprechung noch fehlt, thematisiert werden.

■ *Erläutern Sie, inwieweit die bisherigen Ergebnisse auch auf das Lied des Gärtners (Textausgabe, S. 42) zutreffen. Achten Sie insbesondere auf*
  • *die Funktion des Liedes kurz vor dem Ende der Erzählung.*
  • *die Rolle von Antike und Christentum.*

Das Lied wird nach der „Rettung" Florios gesungen. Er konnte sich gerade noch aus den Fängen der Venus befreien und damit dem beginnenden Wahnsinn entkommen. Inhaltlich reflektiert das Lied das Geschehene und bereitet den positiven Novellenschluss vor. Insbesondere der Gegensatz der bösen Zaubermacht und der positiven Konnotation des Glaubens wird hier wieder aufgegriffen („frisch auf"). In der letzten Zeile des Lieds („Frisch auf, wer Gott noch loben mag!") steckt auch die erlösende Botschaft des Christentums: Auch wenn man sich auf seinem Weg einmal verirrt hat, wer sich wieder auf Gott einlässt, der kann positiv in den Tag blicken. Gott mit seiner Stärke und seiner Gnade trägt, sodass der Trug des Bösen vergessen ist.
Auch diese Ergebnisse sollten in einem Tafelbild gebündelt werden.

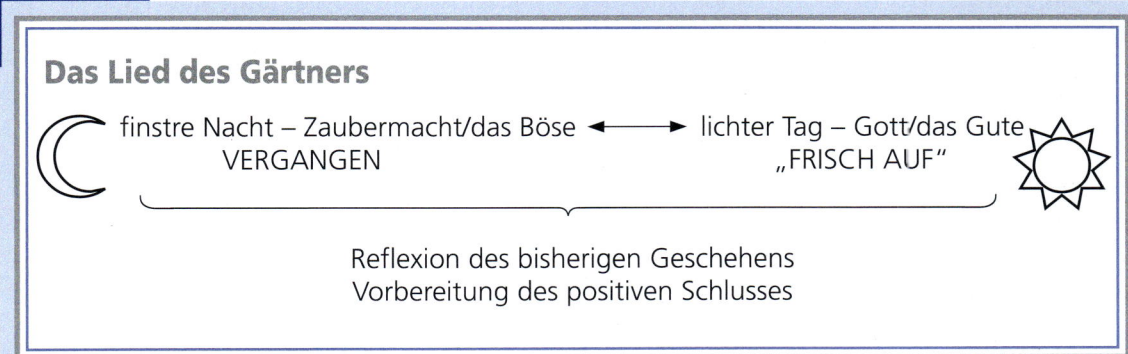

4.2.3 Sprachgestaltung

Die Sprachgestaltung sollte an ausgewählten Beispielen untersucht werden. Dabei fällt insbesondere der literarischen Topografie eine entscheidende Rolle in dieser Erzählung zu.
Um die Lerngruppe für den Detailreichtum in Eichendorffs Sprachgebrauch erneut zu sensibilisieren, wird eine kurze Textstelle (Erzähleingang, S. 5, Z. 1–8) gemeinsam analysiert. Nach einer Stillarbeitphase sollte der Schwerpunkt auf dem Unterrichtsgespräch liegen.

> ■ *Lesen Sie den Erzähleingang (S. 5, Z. 1–8) erneut und beantworten Sie in Stichpunkten folgende Fragen:*
> ● *Welche Wirkung erzeugt Eichendorff durch die Landschaftsschilderung beim Leser?*
> ● *In welcher Verbindung steht die Landschaftsschilderung zu der Hauptfigur Florio?*
> ● *Was fällt Ihnen an der verwendeten Sprache (Satzbau, Wortwahl, rhetorische Mittel) auf?*

Eichendorff erzeugt eine positive Stimmung. Florio, der Ankömmling, kommt mit einem Hochgefühl in Lucca an, und genau dieses innere Befinden spiegelt sich auch in der Landschaftsschilderung („Stimmungslandschaft"). Formal schafft es Eichendorff, dies in einer einzigen Hypotaxe zum Ausdruck zu bringen. Dadurch erzeugt er eine atmosphärische Dichte, die vermittelt, welche Fülle an Eindrücken Florio bei seiner Ankunft zu verarbeiten hat. Sprachlich überwiegen verstärkende Adjektive („schöner", „junger", „langsam", „feinen", „wunderschönen", „bunten", „zierlicher", „hohen", „fröhlich") und Partizipien („sich erfreuend", „schwärmend"), die dem Leser virtuos das einzelne Detail näher bringen. Die Landschaft ist lebendig (Personifikation und Synästhesie: zitternder Duft) und vermittelt ebenso wie die vielen Menschen am Straßenrand einen herzlichen Willkommensgruß.
Die Ergebnisse des Unterrichtsgesprächs sollten in ein Tafelbild münden, damit die Schülerinnen und Schüler für die weitere Arbeit eine Orientierung erhalten.

Eichendorffs Landschaftsschilderung am Beispiel des Erzähleingangs (Z. 1–8)

Sprachliche Darstellung

- Hypotaxe: vermittelt atmosphärische Dichte der Eindrücke
- Adjektive: haben ausschmückenden Charakter; vermitteln einen großen Detailreichtum
- Personifikation/Synästhesie: lässt die beschriebene Landschaft lebendig wirken

→ positive, freundliche Atmosphäre

Florio

- freudig erregte Haltung
- Ankunft

Landschaftsbilder bzw. Stimmungslandschaften
spiegeln die innere Situation der Person wider

Um das gemeinsam Erarbeitete zu vertiefen und um Eichendorffs schriftstellerischer Eigenart auf den Grund zu gehen, wird die Lerngruppe in zwei Großgruppen unterteilt, sodass ein arbeitsteiliges Verfahren ermöglicht wird.

Gruppe A:
Die Schülerinnen und Schüler erhalten für die Analyse der Sprache folgende Leitfragen, die sie in Partnerarbeit beantworten sollen:

■ *Untersuchen Sie die vorliegenden Textstellen im Hinblick auf die Darstellung der Landschaft (Textausgabe, S. 44, Z. 3–21 und S. 49, Z. 4–19):*
- *Lesen Sie sich die Textstellen gegenseitig vor. Der Hörer schließt jeweils während des Lesens die Augen. Welchen Effekt erreicht Eichendorff durch seine Beschreibung?*
- *Unterstreichen Sie anschließend (beim erneuten Lesen) sprachliche Auffälligkeiten, die Aufschluss darüber geben, wie Eichendorff die Landschaft darstellt.*
- *Überlegen Sie, inwiefern die vorliegenden Landschaftsbilder einen Gegensatz darstellen.*

Unzweifelhaft werden die Schülerinnen und Schüler direkt den Effekt der Beschreibung entschlüsseln: Der Leser/Hörer kann sich durch die detaillierte Landschaftsbeschreibung alles genau vorstellen. Die Landschaft wirkt wie ein Gemälde, sodass (indirekt) auch die Optik angesprochen wird. Der Detailreichtum der Beschreibung entsteht nicht zuletzt durch die vielen beschreibenden Adjektive, den hypotaktischen Satzbau und die Aufzählungen. Die liebevoll skizzierten Landschaften sind in diesem Fall aber auch Ausdruck von Florios Entwicklung. Die erste Textstelle verweist in die Vergangenheit und auf das Verlassen seines Weges. Die andere weitet den Blick für das Zukünftige und steht sinnbildlich für Florios neu erlangte Freiheit. Die Landschaften spiegeln also das innere Befinden der Personen.

Gruppe B:
Die Schülerinnen und Schüler erhalten für die Analyse der Sprache folgende Leitfragen, die sie in Partnerarbeit beantworten sollen, an die Hand:

■ *Untersuchen Sie die vorliegenden Textstellen im Hinblick auf die sich verändernde Atmosphäre (Textausgabe, S. 40, Z. 32 bis S. 41, Z. 23):*

- *Lesen Sie sich die Textstellen gegenseitig vor. Der Hörer schließt jeweils während des Lesens die Augen. Welchen Effekt erreicht Eichendorff durch seine Darstellung des Geschehens?*
- *Unterstreichen Sie anschließend (beim erneuten Lesen) sprachliche Auffälligkeiten, die Aufschluss darüber geben, <u>wie</u> Eichendorff die Atmosphäre darstellt.*
- *Erläutern Sie in diesem Zusammenhang den Begriff „Stimmungslandschaft".*

Durch die bildliche Darstellung und die Vernetzung der inneren Handlung mit dem äußeren Naturgeschehen kann sich der Leser/Hörer das Beschriebene plastisch vorstellen. Gleichzeitig wird er ins Geschehen hineingezogen. Das Wetter ändert sich abrupt nach dem Ausspruch „Herrgott, lass mich nicht verloren gehen in der Welt!" (S. 40, Z. 32 f.), als würde die antike Zauberwelt alle Kräfte aufbieten, um sich gegen den Einfluss des Christlichen zu wehren. Ein sich steigernder Wind zieht auf bis hin zum Sturm und auch ein Gewitter lässt nicht mehr lange auf sich warten. Den Begriff „Stimmungslandschaft" als Widerspiegelung des inneren Geschehens können die Schülerinnen und Schüler aufgrund dieser Darstellung erklären. Nachdem die Ergebnisse im Plenum oder in Partnerarbeit (gemischte Paare aus der jeweils anderen Arbeitsgruppe) ausgetauscht wurden, können die bisherigen Aspekte zur Sprache in einer Schreibaufgabe vertieft werden.

■ *Analysieren Sie die vorliegende Textstelle (Textausgabe, S. 21, Z. 2 bis S. 22, Z. 20) unter Berücksichtigung der Landschaftsdarstellung und der geschilderten Atmosphäre. Achten Sie insbesondere auf die sprachliche Umsetzung. Orientieren Sie sich an den Hilfen auf den Seiten 91 bis 93 Ihrer Textausgabe.*

Florio zieht nach der ersten Begegnung mit dem Marmorbild tief in Gedanken versunken umher und kommt dabei vom Weg ab. Er gelangt an einen verwunschenen Garten, der sich später als der Palastgarten der Venus entpuppt. Durch akustische Signale („Die Vögel schweigen schon", S. 21, Z. 19) und eine Veränderung der Stimmung („Schwüle", S. 21, Z. 23) kennzeichnet Eichendorff das Eintreten in die andere Welt. Zudem ist diese Welt abgeschirmt („ein Tor von Eisengittern" (S. 21, Z. 24), „vergoldete[n] Stäbe[n]" (S. 21, Z. 25), „hohe Buchenhallen" (S. 22, Z. 3)) und wirkt wie ein Zauberreich „von dem vergangenen Leben" (S. 22, Z. 20). Die Andersartigkeit des Ortes wird auch durch Vergleiche („wie abgewehte Blüten", S. 22, Z. 4 f.), Adjektive („seltsam" (S. 22, Z. 6), „traumhaft" (S. 22, Z. 6 f.)), Synästhesien („leisen Wind", S. 22, Z. 7 f.), Partizipialkonstruktionen („mit vergoldeten Kugeln spielend", S. 22, Z. 9), Hypotaxen (S. 22, Z. 3–8) verdeutlicht. Gleichzeitig bedient sich Eichendorff des Wortfeldes ‚Wasser': „ein Strom" (S. 21, Z. 27), „Springbrunnen" (S. 22, Z. 8 f.), „versunken" (S. 22, Z. 17), „Strom der Tage" (S. 22, Z. 18), „klaren Wellen" (S. 22, Z. 18). Der Leser nimmt den Blick Florios ein und geht mit ihm gemeinsam in den verzauberten Garten, der einer anderen Welt anzugehören scheint. Trotzdem ist es der auktoriale Erzähler, der den Leser hier in die Traumwelt führt.

Die anschließende Besprechung kann in Gruppenarbeit erfolgen. Die Gruppe wählt das gelungenste Beispiel mit Begründung aus und lässt die Analyse vortragen. Dabei sollte die Gruppe nicht nur inhaltliche, sondern auch formale, strukturelle sowie sprachliche Aspekte im Blick haben.

Alternativ dazu können die Ergebnisse auch zunächst gemeinsam im Plenum erarbeitet werden, bevor der Einzelne sie in einer Analyse schriftlich zusammenfasst. In Partnerarbeit sollen zunächst die Besonderheiten der Textstelle herausgearbeitet werden.

■ *Analysieren Sie die sprachliche Gestaltung der nachfolgenden Textstelle: Textausgabe, S. 21, Z. 2 bis S. 22, Z. 20. Achten Sie besonders auf die Landschaftsdarstellung und die damit verbundene Atmosphäre.*

Die Ergebnisse werden im Unterrichtsgespräch gesammelt und sollten in ein zusammenfassendes Tafelbild münden.

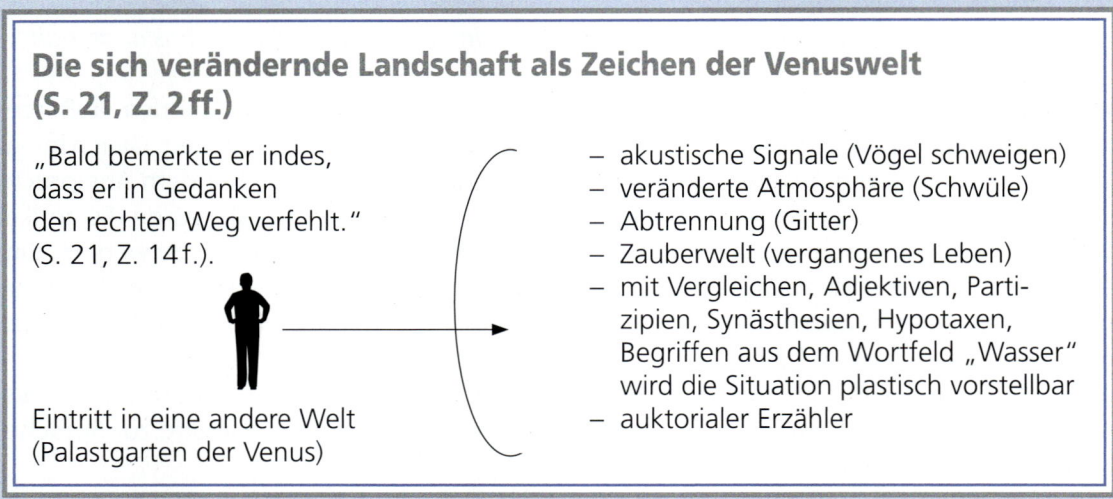

Die sich verändernde Landschaft als Zeichen der Venuswelt (S. 21, Z. 2 ff.)

„Bald bemerkte er indes, dass er in Gedanken den rechten Weg verfehlt." (S. 21, Z. 14 f.).

Eintritt in eine andere Welt (Palastgarten der Venus)

– akustische Signale (Vögel schweigen)
– veränderte Atmosphäre (Schwüle)
– Abtrennung (Gitter)
– Zauberwelt (vergangenes Leben)
– mit Vergleichen, Adjektiven, Partizipien, Synästhesien, Hypotaxen, Begriffen aus dem Wortfeld „Wasser" wird die Situation plastisch vorstellbar
– auktorialer Erzähler

Das Tafelbild kann nun als Orientierung zur schriftlichen Ausarbeitung dienen (s. o.).

4.3 Gattungsbestimmung: Märchen oder Novelle?

Die Schülerinnen und Schüler haben vorbereitend Eichendorffs Brief vom 2.12.1817 (vgl. Anhang der Textausgabe, S. 67) gelesen.
Als Einstieg in die Thematik können sich die Lehrperson und auch die Lerngruppe ein erstes Bild machen, indem ganz einfach per Handzeichen abgestimmt wird:

■ *Wir machen zunächst eine kurze Abstimmung. Wer meint, dass es sich um ein Märchen handelt, der meldet sich jetzt. Wer ist anderer Meinung?*

Die Lehrperson schreibt das Verhältnis der Wortmeldungen an die Tafel.
Anschließend werden zwei Großgruppen gebildet, um ein arbeitsteiliges Verfahren in Einzelarbeit zu ermöglichen. Diejenigen, die für das Märchen als Textsorte gestimmt haben, bearbeiten die Sekundärtexte „Märchen" (vgl. Anhang der Textausgabe, S. 85 f.). Diejenigen, die anderer Meinung waren, bearbeiten die Sekundärtexte „Novelle" (vgl. Anhang der Textausgabe, S. 81–85).
Sollte die ganze Lerngruppe für die Textsorte Märchen gestimmt haben, kann die Problematik verdeutlicht werden, dass Eichendorff selbst sich sehr unsicher war, was die Klassifizierung des Geschriebenen anbelangt. Aus dieser Tatsache leitet sich die Notwendigkeit der genaueren Untersuchung ab. Die Lehrperson kann dann die Gruppen einteilen oder auf eine Variante der Karussell-Methode zurückgreifen: Die Lerngruppe wird geteilt. Ein Teil bearbeitet die Texte zur „Novelle", der andere die zum „Märchen". Jeder arbeitet mithilfe der vorgegebenen Leitfrage die wichtigsten Informationen aus den Texten heraus. Nach Ablauf einer zuvor abgesprochenen Zeit werden zwei Kreise gestellt: ein Innenkreis und ein Außenkreis. Im Innenkreis nehmen die Experten für die Novelle, im Außenkreis die für das

Märchen Platz. Danach beginnt der Innenkreis damit, dem Außenkreis Informationen zu vermitteln. Nach kurzer Zeit kommt der Außenkreis an die Reihe. Danach rotiert der Innenkreis im Uhrzeigersinn, sodass die Paare wechseln. Dieses Verfahren wird noch einige Male wiederholt. Dabei sollten sich die Schülerinnen und Schüler Notizen machen. Außerdem ist es gestattet, Rückfragen zu stellen.

■ *Benennen Sie mithilfe der Sekundärtexte wesentliche Merkmale der Novelle bzw. des Märchens. Orientieren Sie sich an den Kriterien: Handlung, Aufbau, Figuren.*

Die erarbeiteten Aspekte können in Form eines Tafelbildes gesichert werden.

Wesentliche Merkmale des Märchens und der Novelle

(VOLKS-)MÄRCHEN	NOVELLE
Handlung: irgendwann in der Vergangenheit, Gut vs. Böse (Kunstmärchen: Verknüpfung von Fiktion und Realität; Suche nach dem Fantastischen im Hier und Jetzt)	**Handlung:** unerhörte Begebenheit (Schicksalswende), Falke
Aufbau: best. Handlungsschema (Lösung best. Aufgaben), einfach, geradlinig	**Aufbau:** knapp, straff (keine Nebenhandlungen), auf Höhepunkt/Wendepunkt angelegt
Figuren: Typen: Held, gute/böse, übernatürliche Mächte	**Figuren:** Lebensabschnitt eines Menschen (Schicksalswende); Schwerpunkt liegt auf der Handlung, Charaktere treten deutlich zurück

---

Eine erneute Abstimmung macht ggf. schon ein verändertes Meinungsbild nach der Zusammenfassung der Sekundärtexte deutlich. Um diese Abstimmung auch zu fundieren, muss im Anschluss daran die Frage der Übertragbarkeit aufgegriffen werden. Was liegt jetzt bei Eichendorffs „Das Marmorbild" vor: Märchen oder Novelle?
Aus diesem Grund beschäftigen sich die Schülerinnen und Schüler in einem Zweitschritt mit dem Text. In einem ersten Schritt sollen sie Anhaltspunkte für die beiden Textsorten suchen. In einem zweiten Schritt sollen sie diese für eine Diskussion im Literaturcafé nutzen.

■ *Überlegen Sie, welche Aspekte der Textsorten auf „Das Marmorbild" übertragbar scheinen. Machen Sie sich dazu Stichpunkte.*

■ *Positionieren Sie sich. Welche Meinung vertreten Sie: Märchen und/oder Novelle?! Nutzen Sie die gemachten Stichpunkte für eine Diskussion im Literaturcafé.*

Die Diskussionsrunde kann von der Lehrperson z. B. folgendermaßen eingeleitet werden:

Elke Heidenreich hat bei dem Sender ARD eine neue Sendung bekommen, die „Literaturcafé – noch Fragen?" heißt. In diesem Sendeformat geht es darum, dass Interpretationsansätze und offene Fragen bzgl. der europäischen Literatur der Vergangenheit und Moderne aufgegriffen werden. Im Rahmen der Sendereihe soll auch Eichendorffs „Das Marmorbild" seinen Platz erhalten. Da die Sendungen nur zum Teil live ausgestrahlt werden, sind Sie als kundige Literaturwissenschaftler für die Aufnahmen ins Studio eingeladen worden. Es geht um die Frage, inwieweit es sich um eine Novelle und/oder ein Märchen handelt.

In der Diskussionsrunde können folgende Aspekte aufgegriffen werden:

Gattung Märchen: zeitliche Einordnung ist unbestimmt („Es war …", irgendwann im Mittelalter); Held (Florio) und Gut vs. Böse (Fortunato/Bianka, Donati/Venus); Märchen- bzw. Traumwelt der Venus

Kein Märchen: Vielschichtigkeit der Handlung (innere Entwicklung Florios); Vernetzung von Realem und Irrealem (vgl. Kunstmärchen); Verwobenheit der Lieder in die Handlung

Gattung Novelle: linearer, knapper Handlungsaufbau; Florios Entwicklungsphase (Verführung durch die Venus und anschließende Befreiung) als unerhörte Begebenheit; auf Wendepunkt hin angelegt

Keine Novelle: eigentlich existiert kein Falke (mit Einschränkung ggf. das Marmorbild)

Im Grunde genommen halten sich beide Klassifizierungen die Waage, was auch Eichendorffs eigene Unsicherheit erklärt. Will man sich nicht eindeutig festlegen, bietet es sich an, von einer Erzählung zu sprechen. Martin Brück macht in seiner Interpretation den Vorschlag, den Terminus „Novelle mit märchenhaften Zügen"[1] zu verwenden.
Nach dem Ende der Diskussion kann erneut abgestimmt werden, um das ggf. gewandelte Meinungsbild zu verdeutlichen. Die Schülerinnen und Schüler sollten an diesem Punkt Stellung beziehen dürfen, was sie zu dem Meinungswechsel bewogen hat.

Alternativ können die Aspekte selbstverständlich auch im gängigen Unterrichtsgespräch erörtert werden.

Notizen

_____

_____

_____

_____

_____

_____

_____

_____

_____

_____

_____

_____

_____

_____

---

[1] Joseph von Eichendorff: Das Marmorbild. Interpretiert von Martin Brück, Freising: Stark-Verlag, 2008, S. 71

Romantische Motive in Eichendorffs „Marmorbild"

■ *Suchen Sie zu den nachfolgenden romantischen Motiven passende Textzitate. Notieren Sie sich die Fundstelle. (Wenn Sie nicht fündig werden, lassen Sie das entsprechende Stichwort frei. Sollte Ihnen ein Stichwort fehlen, ergänzen Sie es.)*

Mittelalter

_____

_____

_____

_____

_____

Kunst/Musik

_____

_____

_____

_____

_____

Wanderschaft

_____

_____

_____

_____

_____

Sehnsucht

_____

_____

_____

_____

_____

Natur

_____

_____

_____

_____

_____

Fantasie (Verschmelzung von Realität und Wirklichkeit)

_____

_____

_____

_____

_____

Traum

_____

_____

_____

_____

_____

Liebe

_____

_____

_____

_____

_____

Religion/Glaube

_____

_____

_____

_____

_____

BS **4**

Romantische Motive in Eichendorffs „Marmorbild" – Lösung

■ *Suchen Sie zu den nachfolgenden romantischen Motiven passende Textzitate. Notieren Sie sich die Fundstelle. (Wenn Sie nicht fündig werden, lassen Sie das entsprechende Stichwort frei. Sollte Ihnen ein Stichwort fehlen, ergänzen Sie es.)*

Mittelalter

„Hier ist gut wohnen, sagte der Fremde lustig, sich vom Zelter schwingend." (S. 6, Z. 28 f.)

„Der größere funkelnde Strom von Wagen und Reitern [...] wendete indes auch Florio [...] wieder ab." (S. 7, Z. 31–34)

„Da trat ein hoher schlanker Ritter in reichem Geschmeide [...] in das Zelt herein." (S. 13, Z. 18–21)

Natur

„Zwischen den Rebengeländern hinaus sah er den Fluss im Tale; viele weißglänzende Schlösser hin und wieder zerstreut, ruhten wie eingeschlafene weiße Schwäne unten in dem Meer von Stille." (S. 16, Z. 28–31)

Kunst/Musik

„Da ist der Sänger Fortunato!, hörte er da auf einmal mehrere Frauen und Ritter neben sich ausrufen." (S. 7, Z. 36 f.)

„Er sprang rasch auf, griff in seine Gitarre und sang" (S. 10, Z. 15 ff.)

Fantasie (Verschmelzung von Realität und Wirklichkeit)

„Je länger er hinsah, je mehr schien es ihm, als schlüge es die seelenvollen Augen langsam auf." (S. 18, Z. 11 ff.)

Wanderschaft

„Ich habe jetzt, fuhr dieser nun kühner und vertraulicher fort, das Reisen erwählt, und befinde mich wie aus einem Gefängnis erlöst." (S. 6, Z. 6 ff.)

Traum

„[...] da war es ihm, als führe er mit schwanenweißen Segeln einsam auf einem mondbeglänzten Meer." (S. 16, Z. 4 f.)

Sehnsucht

„ [...] wie lange habe ich da die fernen blauen Berge sehnsüchtig betrachtet" (S. 6, Z. 10 f.).

„Die Musik bei den Zelten [...] hatte ihr Bild unmerklich [...] verwandelt in ein viel schöneres, größeres und herrlicheres, wie er es noch nirgends gesehen." (S. 17, Z. 24–29)

Liebe

„[...], aber die langen furchtsamen Augenwimpern hüteten nur schlecht die dunkel glühenden Blicke." (S. 8/9, Z. 37–2)

Religion/Glaube

„Herrgott, lass mich nicht verloren gehen in der Welt!" (S. 40, Z. 32 f.)

Erzähleingang – Joseph von Eichendorff: Aus dem Leben eines Taugenichts (1826)

■ *Arbeiten Sie die Themen und Motive des vorliegenden Erzähleingangs von Eichendorffs Novelle „Aus dem Leben eines Taugenichts" heraus.*

Das Rad an meines Vaters Mühle brauste und rauschte schon wieder recht lustig, der Schnee tröpfelte emsig vom Dache, die Sperlinge zwitscherten und tummelten sich dazwischen; ich saß auf der Türschwelle
5 und wischte mir den Schlaf aus den Augen; mir war so recht wohl in dem warmen Sonnenscheine. Da trat der Vater aus dem Hause; er hatte schon seit Tagesanbruch in der Mühle rumort und die Schlafmütze schief auf dem Kopfe, der sagte zu mir: „Du Tauge-
10 nichts! Da sonnst du dich schon wieder und dehnst und reckst dir die Knochen müde und lässt mich alle Arbeit allein tun. Ich kann dich hier nicht länger füttern. Der Frühling ist vor der Tür, geh auch einmal hinaus in die Welt und erwirb dir selber dein Brot."
15 – „Nun", sagte ich, „wenn ich ein Taugenichts bin, so ist's gut, so will ich in die Welt gehen und mein Glück machen." Und eigentlich war mir das recht lieb, denn es war mir kurz vorher selber eingefallen, auf Reisen zu gehen, da ich die Goldammer, welche
20 im Herbst und Winter immer betrübt an unserm Fenster sang: „Bauer, miet mich, Bauer, miet mich!" nun in der schönen Frühlingszeit wieder ganz stolz und lustig vom Baume rufen hörte: „Bauer, behalt deinen Dienst!"
25 Ich ging also in das Haus hinein und holte meine Geige, die ich recht artig spielte, von der Wand, mein Vater gab mir noch einige Groschen Geld mit auf den Weg, und so schlenderte ich durch das lange Dorf hinaus. Ich hatte recht meine heimliche Freude, als
30 ich da alle meine alten Bekannten und Kameraden rechts und links, wie gestern und vorgestern und immerdar, zur Arbeit hinausziehen, graben und pflügen sah, während ich so in die freie Welt hinausstrich. Ich rief den armen Leuten nach allen Seiten
35 stolz und zufrieden Adjes zu, aber es kümmerte sich eben keiner sehr darum. Mir war es wie ein ewiger Sonntag im Gemüte. Und als ich endlich ins freie Feld hinauskam, da nahm ich meine liebe Geige vor und spielte und sang, auf der Landstraße fortgehend:

40 Wem Gott will rechte Gunst erweisen,
Den schickt er in die weite Welt,
Dem will er seine Wunder weisen
In Fels und Wald und Strom und Feld.

Die Trägen, die zu Hause liegen,
Erquicket nicht das Morgenrot,   45
Sie wissen nur vom Kinderwiegen,
Von Sorgen, Last und Not um Brot.

Die Bächlein von den Bergen springen,
Die Lerchen schwirren hoch vor Lust,
Was sollt ich nicht mit ihnen singen   50
Aus voller Kehl und frischer Brust?

Den lieben Gott lass ich nur walten;
Der Lerchen, Bächlein, Wald und Feld
Und Erd und Himmel will erhalten,
Hat auch mein' Sach' aufs Best' bestellt!   55

Indem, wie ich mich so umsehe, kömmt ein köstlicher Reisewagen ganz nahe an mich heran, der mochte wohl schon einige Zeit hinter mir drein gefahren sein, ohne dass ich es merkte, weil mein Herz so voller Klang war, denn es ging ganz langsam, und zwei 60 vornehme Damen steckten die Köpfe aus dem Wagen und hörten mir zu. Die eine war besonders schön und jünger als die andere, aber eigentlich gefielen sie mir alle beide. Als ich nun aufhörte zu singen, ließ die Ältere stillhalten und redete mich holdselig an: „Ei, 65 lustiger Gesell, Er weiß ja recht hübsche Lieder zu singen." Ich nicht zu faul dagegen: „Euer Gnaden aufzuwarten, wüsst ich noch viel schönere." Darauf fragte sie mich wieder: „Wohin wandert Er denn schon so am frühen Morgen?" Da schämte ich mich, 70 dass ich das selber nicht wusste, und sagte dreist: „Nach Wien"; nun sprachen beide miteinander in einer fremden Sprache, die ich nicht verstand. Die Jüngere schüttelte einige Male mit dem Kopfe, die andere lachte aber in einem fort und rief mir endlich 75 zu: „Spring Er nur hinten mit auf, wir fahren auch nach Wien." Wer war froher als ich! Ich machte eine Reverenz und war mit einem Sprunge hinter dem Wagen, der Kutscher knallte, und wir flogen über die glänzende Straße fort, dass mir der Wind am Hute 80 pfiff.
Hinter mir gingen nun Dorf, Gärten und Kirchtürme unter, vor mir neue Dörfer, Schlösser und Berge auf, unter mir Saaten, Büsche und Wiesen bunt vorüberfliegend, über mir unzählige Lerchen in der klaren 85

blauen Luft – ich schämte mich, laut zu schreien, aber innerlichst jauchzte ich und strampelte und tanzte ich auf dem Wagentritt herum, dass ich bald meine Geige verloren hätte, die ich unterm Arme hielt. Wie
90 aber denn die Sonne immer höher stieg, rings am Horizont schwere weiße Mittagswolken aufstiegen und alles in der Luft und auf der weiten Fläche so leer und schwül und still wurde über den leise wogenden Kornfeldern, da fiel mir erst wieder mein Dorf ein
95 und mein Vater und unsere Mühle, wie es da so heimlich kühl war an dem schattigen Weiher, und dass nun alles so weit, weit hinter mir lag. Mir war dabei so kurios zumute, als müsst ich wieder umkehren; ich steckte meine Geige zwischen Rock und Weste, setzte

mich voller Gedanken auf den Wagentritt hin und 100 schlief ein.
Als ich die Augen aufschlug, stand der Wagen still unter hohen Lindenbäumen, hinter denen eine breite Treppe zwischen Säulen in ein prächtiges Schloss führte. Seitwärts durch die Bäume sah ich die Türme 105 von Wien. Die Damen waren, wie es schien, längst ausgestiegen, die Pferde abgespannt. Ich erschrak sehr, da ich auf einmal so allein saß, und sprang geschwind in das Schloss hinein, da hörte ich von oben aus dem Fenster Lachen. 110

Aus: Joseph von Eichendorff: Aus dem Leben eines Taugenichts. Paderborn, Schöningh Verlag 2008, S. 5 – 7

Der pyramidale Bau des Dramas

Der Schriftsteller und Literaturwissenschaftler Gustav Freytag hat 1863 in seinem Buch „Die Technik des Dramas" [1] die Theorie des klassischen Dramas in stark schematisierter Form zusammengefasst, indem er die Dramenstruktur als „pyramidalen Bau" beschrieb:

„Durch die beiden Hälften der Handlung, welche in einem Punkt zusammenschließen, erhält das Drama, – wenn man die Anordnung durch Linien verbildlicht, – einen pyramidalen Bau. Es steigt von der Einleitung mit dem Zutritt des erregenden Moments bis zu dem Höhepunkt, und fällt von da bis zur Katastrophe. Zwischen diesen drei Teilen liegen die Teile der Steigung und des Falles. Jeder dieser fünf Teile kann aus einer Szene oder aus einer gegliederten Folge von Szenen bestehen, nur der Höhepunkt ist gewöhnlich in einer Hauptszene zusammengefasst. Diese Teile des Dramas, a) Einleitung, b) Steigerung, c) Höhepunkt, d) Fall oder Umkehr, e) Katastrophe, haben jeder Besonderes in Zweck und Baurichtung. Zwischen ihnen stehen drei wichtige szenische Wirkungen, durch welche die fünf Teile sowohl geschieden als verbunden werden. Von diesen drei dramatischen Momenten steht eines, welches den Beginn der bewegten Handlung bezeichnet, zwischen Einleitung und Steigerung, das zweite, Beginn der Gegenwirkung, zwischen Höhepunkt und Umkehr, das dritte, welches vor Eintritt der Katastrophe noch einmal zu steigern hat, zwischen Umkehr und Katastrophe. Sie heißen hier: das erregende Moment, das tragische Moment, das Moment der letzten Spannung. Die erste Wirkung ist jedem Drama nötig, die zweite und dritte sind gute, aber nicht unentbehrliche Hilfsmittel." (S. 102)

Seitdem ist Freytags Schema in Form eines axial-symmetrischen Dreiecks zur Veranschaulichung der Struktur des klassischen Dramas immer wieder verwendet worden.

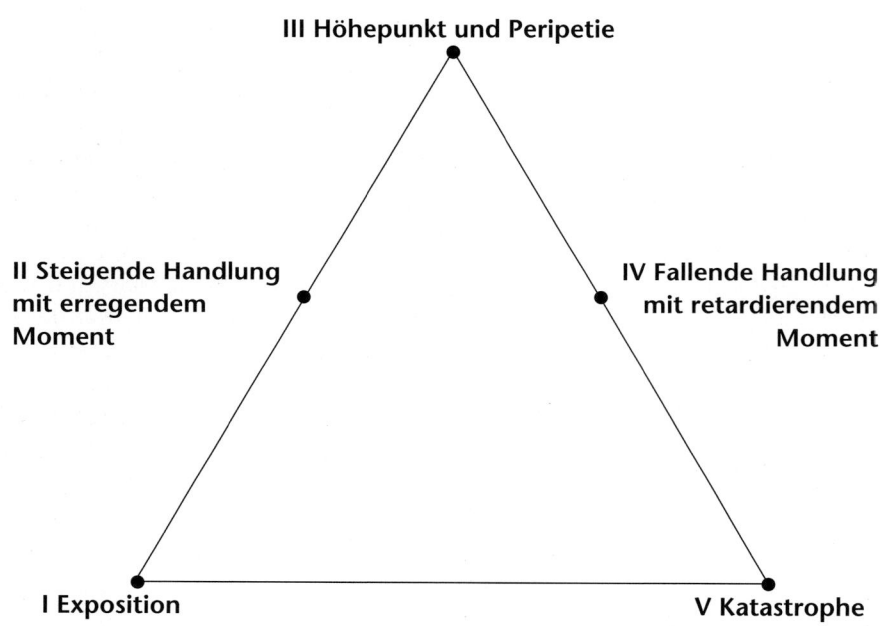

III Höhepunkt und Peripetie

II Steigende Handlung mit erregendem Moment

IV Fallende Handlung mit retardierendem Moment

I Exposition

V Katastrophe

Wesentlich für die Struktur des klassischen Dramas ist die von Aristoteles geforderte Einheit der Handlung. Jede *Szene (Auftritt)*, das kleinste Aufbauelement des Dramas, ist eng mit den Nachbarszenen verknüpft. So wird ein Sinnzusammenhang aufgebaut, in dem keine Szene fehlen bzw. umgestellt werden darf. Alles erweist sich als Teil des geradlinigen, zeitlich relativ eng begrenzten *einen* Haupthandlungsstranges. Die gesamte Szenenfolge ist in fünf Sequenzen unterteilt, die *Akte (Aufzüge)* genannt werden. Diese fünf Akte stehen in einem die Spannung aufbauenden Funktionszusammenhang, sie bilden die Etappen, die den dramatischen Prozess in seiner idealtypischen Verlaufsform gliedern.

Der 1. Akt enthält die *Exposition*, der Zuschauer wird in die zeitlichen und örtlichen Verhältnisse eingeführt, er lernt die Vorgeschichte und die für die Handlung wesentlichen Personen kennen und seine Aufmerksamkeit wird auf den Keim des Konfliktes und der Spannung gelenkt.

Im 2. Akt erfolgt das *erregende Moment*, die *Schürzung des Knotens*. Die Handlungsfäden werden verknüpft und verschlungen: Interessen stoßen aufeinander, Intrigen werden gesponnen, die Entwicklung des Geschehens beschleunigt sich in eine bestimmte Richtung, die Spannung auf den weiteren Verlauf der Handlung und auf das Ende *(Finalspannung)* steigt.

Im 3. Akt erreicht die Entwicklung des Konfliktes ihren *Höhepunkt,* der Held steht in der entscheidenden Auseinandersetzung; der Umschlag, die dramatische Wende zu Sieg oder Niederlage, zu Absturz oder Erhöhung, Peripetie genannt, erfolgt.

Im 4. Akt fällt die Handlung auf das Ende zu *(fallende Handlung).* Dennoch wird die Spannung noch einmal gesteigert, indem die Entwicklung im sogenannten *retardierenden Moment* verzögert wird. Der Held scheint doch noch gerettet zu werden (Tragödie) bzw. sein Sieg wird noch einmal in Frage gestellt (Schauspiel).

Der *5.* Akt bringt dann die *Lösung des Konfliktes,* sei es durch die *Katastrophe,* den Untergang des Helden (Tragödie), sei es durch seinen *Sieg* und seine Verklärung.

Weitere Auszüge aus: Gustav Freytag: Die Technik des Dramas[1]

Gustav Freytag versucht in seiner Abhandlung *Die Technik des Dramas* noch einmal das überlieferte Standardschema der Dramatik festzuschreiben. Zu diesem Schema gehören eine spezifische Art der Handlung, eine entsprechende Handlungsführung und eine Akt-Struktur.

Zur Art der dramatischen Handlung:

„Das Drama stellt in einer Handlung durch Charaktere, vermittelst Wort, Stimme, Gebärde diejenigen Seelenvorgänge dar, welche der Mensch vom Aufleuchten eines Eindruckes bis zu leidenschaftlichem Begehren und zur Tat durchmacht, sowie die inneren Bewegungen, welche durch eigene und fremde Tat aufgeregt werden.

---

[1] Vgl. Gustav Freytag: Die Technik des Dramas. Darmstadt 1969

Der Bau des Dramas soll diese beiden Gegensätze des Dramatischen zu einer Einheit verbunden zeigen, Ausströmen und Einströmen der Willenskraft, das Werden der Tat und ihre Reflexe auf die Seele, Satz und Gegensatz, Kampf und Gegenkampf, Steigen und Sinken, Binden und Lösen." (S. 93)

Zur Akt-Struktur:

„In dem modernen Drama umschließt, im Ganzen betrachtet, jeder Akt einen der fünf Teile des Dramas, der erste enthält die Einleitung, der zweite die Steigerung, der dritte den Höhepunkt, der vierte die Umkehr, der fünfte die Katastrophe. Aber die Notwendigkeit, die großen Teile des Stückes auch in dem äußeren Umfang einander gleichartig zu bilden, bewirkte, dass die einzelnen Akte nicht ganz den fünf Hauptteilen der Handlung entsprechen konnten. Von der steigenden Handlung wurde gewöhnlich die erste Stufe noch in den ersten Akt, die letzte zuweilen in den dritten, von der sinkenden Handlung ebenso Beginn und Ende bisweilen in den dritten und fünften Akt genommen und mit den übrigen Bestandteilen dieser Akte zu einem Ganzen gegliedert. Allerdings hat bereits Shakespeare seine Abteilungen in der Regel so gebildet.

Die Fünfzahl der Akte ist also kein Zufall. Schon die römische Bühne hielt auf sie. Aber erst seit Ausbildung der neueren Bühne bei Franzosen und Deutschen ist ihr gegenwärtiger Bau festgestellt.

Nur nebenbei sei bemerkt, dass die fünf Teile der Handlung bei kleineren Stoffen und kurzer Behandlung sehr wohl ein Zusammenziehen in eine geringere Zahl von Akten vertragen. Immer müssen die drei Momente: Beginn des Kampfes, Höhepunkt und Katastrophe, sich stark voneinander abheben, die Handlung lässt sich dann in drei Akten zusammenfassen. Auch bei der kleinsten Handlung, welche in einem Akte verlaufen kann, sind innerhalb desselben die fünf oder drei Teile erkennbar." (S. 170f.)

Die Bedeutung der Lieder

Folgende Lieder werden im Verlauf der Handlung gesungen:

Sänger/Sängerin	Textausgabe Schöningh
Florio	S. 9
Fortunato	S. 10–13
Florio	S. 16–17
Venus	S. 23
Venus (Griechin)	S. 30
Fortunato	S. 33
[Gärtner]	S. 42
Fortunato	S. 44–46
Florio	S. 47–48

■ *Bilden Sie drei Gruppen: Florio, Venus, Fortunato. Analysieren Sie die Bedeutung der Lieder für den Verlauf der Handlung.*

■ *Tauschen Sie Ihre Ergebnisse im Gruppenpuzzle aus und formulieren Sie gemeinsam ein Ergebnis.*

	Florio	Venus	Fortunato
a) Wann wird gesungen?			
b) Worum geht es in dem Lied?			
c) In welchem Zusammenhang steht das Lied mit der Handlung (Reflexion des Geschehenen, Vorausdeutung, Kommentar etc.)?			

Ergebnis ⟹ _____

Die Bedeutung der Lieder – Lösung

Folgende Lieder werden im Verlauf der Handlung gesungen:

Sänger/Sängerin	Textausgabe Schöningh
Florio	S. 9
Fortunato	S. 10–13
Florio	S. 16–17
Venus	S. 23
Venus (Griechin)	S. 30
Fortunato	S. 33
[Gärtner]	S. 42
Fortunato	S. 44–46
Florio	S. 47–48

■ *Bilden Sie drei Gruppen: Florio, Venus, Fortunato. Analysieren Sie die Bedeutung der Lieder für den Verlauf der Handlung.*

■ *Tauschen Sie Ihre Ergebnisse im Gruppenpuzzle aus und formulieren Sie ein Ergebnis.*

	Florio	Venus	Fortunato
a) Wann wird gesungen?	– im Rahmen eines Festes – nachts, beeindruckt durch die Umgebung (nach den Eindrücken des Tages) – Auszug aus Lucca (innere Befreiung)	– im Venusgarten, unbemerkt – nachts, abseits von allen Menschen	– in Gesellschaft auf dem Fest – nach der Begegnung mit Venus (Griechin), Begrüßung Florios, nachts – Auszug aus Lucca, am Morgen
b) Worum geht es in dem Lied?	– Lied 1 (S. 9): „Trinkspruch"; Bekenntnis der Zuneigung – Lied 2 (S. 16 f.): Wechsel Tag-Nacht, Liebeslied; Sehnsucht – Lied 3 (S. 47 f.): Bindung an Gott („Bittgebet"); innere Befreiung	– Lied 1 (S. 23): Erweckung durch den Frühling; Sehnsucht nach dem Leben – Lied 2 (S. 30): die Nacht mit ihren verborgenen Geheimnissen, Liebe, Venus besingt sich selbst	– Lied 1 (S. 10 ff.): antike Götter; Frühlingserwachen (Liebe), Gegensatz: Leben und Tod (antike Mythologie vs. Christentum) – Lied 2 (S. 33): Begegnung zweier Liebender im Mondschein – Lied 3 (S. 44 ff.): Erwachen und Verblühen der Venus bei Frühlingsbeginn, Sieg des Christentums
c) In welchem Zusammenhang steht das Lied mit der Handlung (Reflexion des Geschehenen, Vorausdeutung, Kommentar etc.)?	– Lied 1 (S. 9): Handlung wird vorangetrieben (Kuss), Liebe – Lied 2 (S. 16 f.): Reflexion des Geschehenen – Lied 3 (S. 47 f.): Endpunkt der Entwicklung Florios; Bekenntnis	– Lied 1 (S. 23): Vorwegnahme der späteren Erklärung durch Pietro – Lied 2 (S. 30): Charakter der Venus wird unterstrichen (Verführung)	– Lied 1 (S. 10 ff.): Verallgemeinerung des Geschehens; Vorbereitung des Eintreffens von Donati – Lied 2 (S. 33): Reflexion, kurzer Verweis auf die Begegnung zwischen Florio und einer Frau – Lied 3 (S. 44 ff.): Reflexion des ganzen Geschehens

> **Ergebnis** ⇒ Die Lieder „begleiten" die Handlung: Die Lieder Florios drücken meist sein inneres Befinden aus. Die Lieder der Venus unterstreichen ihren Charakter und erläutern ihre „Bestimmung". Die Lieder Fortunatos verallgemeinern das Geschehen.

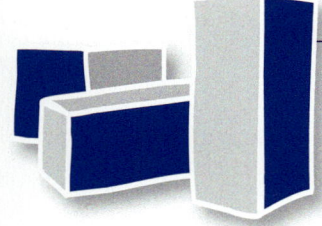

Reflexion der romantischen Idee

Zum Abschluss der Beschäftigung mit der Erzählung sollen deren Bewertung und ein kritischer Rückblick auf die Epoche „Romantik" erfolgen. Zunächst steht der Rückblick auf „Das Marmorbild" auch in Auseinandersetzung mit verschiedenen Rezensionen (s. Anhang der Textausgabe) an. Darauf aufbauend sollen die Schülerinnen und Schüler die Ideen der Romantiker kritisch bewerten. Dafür ist es wichtig, dass sie sich nicht nur mit dem Urteil von Eichendorffs Zeitgenossen auseinandersetzen, sondern auch moderne Bewertungen kennenlernen. Exemplarisch werden ihnen in einem ersten Schritt Texte von Goethe und Heine zur Analyse vorgelegt. Darauf aufbauend sollen sie sich mit einer heutigen Kritik beschäftigen. Erst danach sollen sie eine eigene Kritik verfassen.

5.1 Kritischer Rückblick auf die Erzählung „Das Marmorbild"

Eine Möglichkeit der Reflexion ist bereits in Baustein 2.1 in Form eines Briefes angedacht. Als Einstieg in diesen Baustein dient eine Gesprächsrunde, in deren Verlauf erste Bewertungen über die Erzählung „Das Marmorbild" abgegeben werden sollen. Als Vorgabe für dieses reflektierende Gespräch dienen Satzanfänge, die an der Tafel notiert sind.

Erste Stimmungsäußerungen zum Abschluss der Erzählung „Das Marmorbild"

Eichendorffs Erzählung hat mich/hat mich nicht beeindruckt, weil …

Besonders hat mir inhaltlich/sprachlich gefallen, dass…
Besonders hat mich inhaltlich/sprachlich gestört, dass …

Die Erzählung hat bleibende Aktualität, weil …
Die Erzählung ist veraltet, weil …

■ *Zum Abschluss der inhaltlichen Beschäftigung mit Eichendorffs „Das Marmorbild" soll die Bewertung der Erzählung stehen. Vervollständigen Sie nach einer kurzen Zeit des Überlegens einen der an der Tafel begonnenen Sätze. Begründen Sie Ihre Meinung.*

Sofern die Lerngruppe sachlich fundiert argumentiert, sollten alle Äußerungen zugelassen werden. Ein vorher bestimmter Protokollant sollte die wichtigsten Tendenzen notieren.
In einem nächsten Schritt sollen sich die Schülerinnen und Schüler mit anderen Meinungen über die Erzählung (vgl. **Anhang der Textausgabe, S. 87–90**) auseinandersetzen, um diese dann abschließend mit den zuvor geäußerten Aspekten vergleichen zu können. Die Lerngruppe wird in sieben Gruppen aufgeteilt, denen je eine Rezension zugewiesen wird.

Die Schülerinnen und Schüler sollen die Meinungen in arbeitsteiliger Einzelarbeit herausarbeiten.

■ *Arbeiten Sie die Kernproblematik aus der Ihnen zugeteilten Rezension heraus.*

Folgende Aspekte sollten benannt werden:

- <u>Kommentar zum Erstdruck (1819):</u> blühende Fantasie, undankbares Thema, fehlender roter Faden → emotionale, negative Bewertung
- <u>Kommentar zur Buchausgabe (1826):</u> unbedeutend, zu oberflächliche Behandlung der Antike, schriftstellerisches Talent → negative inhaltliche Bewertung, Eichendorff als Schriftsteller wird positiv gesehen
- <u>Hermann Markgraf (1839):</u> Romantiker als poetische, aber weltfremde Genies → Romantiker als unzeitgemäße Schriftsteller
- <u>Werner Bergengruen (1955):</u> Eichendorffs stilisierte Welt spiegelt die menschliche Seele (Landschaftsschilderungen); Sensibilität für das Unbegreifliche → positive Bewertung der Konzeption
- <u>Wolfgang Nehring (1977):</u> Eichendorff konzipiert einen Balanceakt zwischen der Fantasiefreiheit und der Deutung des Geschehens; Ursprung der Moral ist Gott → (neutrale) Stellungnahme zum Verständnis der Erzählung
- <u>Horst Wiebesiek (1986):</u> gute Umsetzung der Adoleszenzproblematik (Verwobenheit der Mythen), Schaffung eines neuen Mythos → positive Bewertung
- <u>Ludwig Stockinger (1997):</u> Erzählung ist als Mahnung zu verstehen: Sexuelle Begierde soll nicht zur Unfreiheit führen (Anerkennung des anderen Menschen als einer freien Person); Illusion der formvollendeten Antike → (neutrale) Stellungnahme zum Verständnis der Erzählung

Nach der Stillarbeitsphase sollten die wichtigsten Ergebnisse in Form eines Tafelbildes kurz skizziert werden. Dazu sollte ein Zeitstrahl angezeichnet werden, dem die Jahreszahlen mit den Grundtendenzen der Rezensionen zugeordnet werden können, sodass der inhaltliche Wandel der Ansätze der Kritiker deutlich wird.

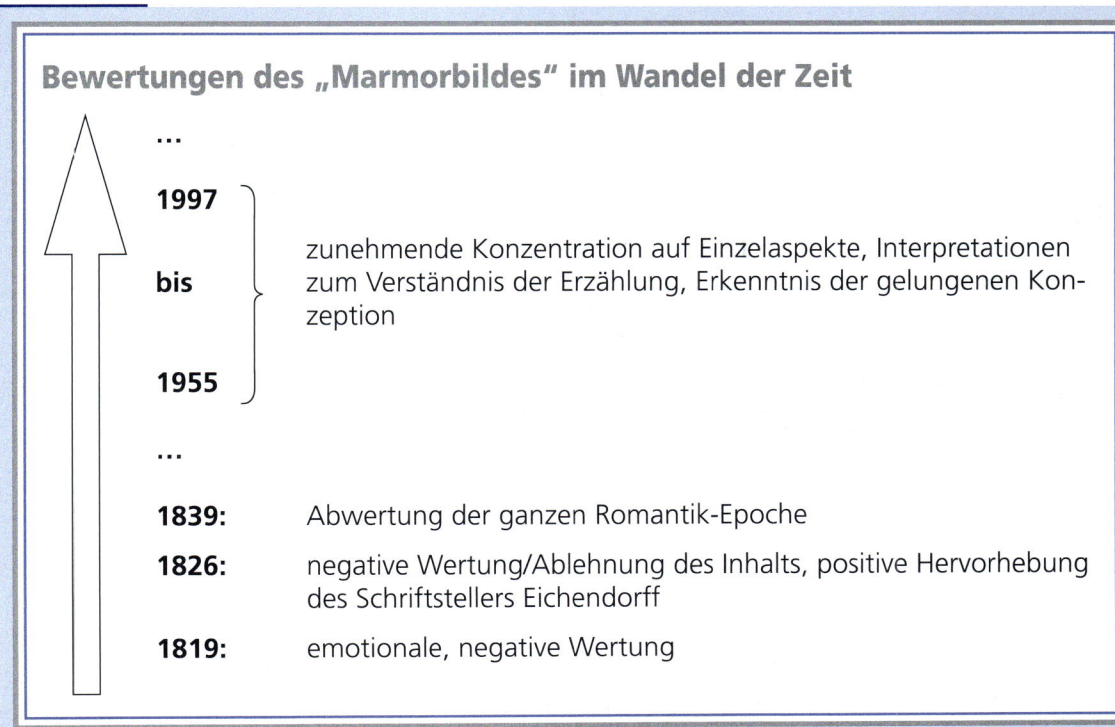

Bewertungen des „Marmorbildes" im Wandel der Zeit

...

1997 ⎫
bis ⎬ zunehmende Konzentration auf Einzelaspekte, Interpretationen zum Verständnis der Erzählung, Erkenntnis der gelungenen Konzeption
1955 ⎭

...

1839: Abwertung der ganzen Romantik-Epoche

1826: negative Wertung/Ablehnung des Inhalts, positive Hervorhebung des Schriftstellers Eichendorff

1819: emotionale, negative Wertung

Im Anschluss daran sollten die Schülerinnen und Schüler die Möglichkeit haben, eine eigene Rezension zu verfassen. Als Hilfe kann ihnen das **Arbeitsblatt 26** (S. 107) dienen, da hier nochmals kurz erläutert wird, wie eine Rezension aufgebaut sein sollte.

■ *Sie haben sich nun ausführlich mit der Erzählung „Das Marmorbild" auseinandergesetzt. Verfassen Sie jetzt eine Rezension. Achten Sie dabei auf Inhalt und Aufbau Ihrer kritischen Stellungnahme.*

Im Anschluss daran sollen je nach Größe der Lerngruppe vier bis sechs Gruppen gebildet werden, in denen sich die Schülerinnen und Schüler die verfassten Kritiken gegenseitig vorstellen. Sie sollen eine Vorauswahl treffen, sodass später nur ausgewählte Rezensionen dem Plenum vorgestellt und diskutiert werden.

■ *Setzen Sie sich in Gruppen zusammen und stellen Sie sich ihre Kritiken gegenseitig vor. Geben Sie sich Rückmeldungen bezüglich der Inhalte und des Aufbaus. Wählen Sie anschließend eine Rezension aus, die im Plenum vorgestellt werden soll. Achten Sie darauf, dass Sie Ihre Auswahl sachlich begründen können.*

Durch die schriftliche Ausarbeitung der Rezensionen werden die Äußerungen zu Beginn des Bausteins ausgearbeitet und sachlich fundiert.

5.2 Bewertung der Epoche

5.2.1 Kritik von Zeitgenossen der Romantiker

In einem ersten „Blitzlicht" bzw. ersten Statements können die Schülerinnen und Schüler ganz spontan äußern, für wie gelungen sie die Umsetzung der romantischen Idee (vgl. dazu Baustein 1), insbesondere auch in der vorliegenden Erzählung, halten und wie sie überhaupt die Epoche der Romantik einschätzen.

■ *Äußern Sie sich kurz: Halten Sie die Umsetzung der romantischen Idee für gelungen? UND/ODER Können Sie das Anliegen der Romantiker verstehen?*

Diese Stimmungsrunde dient der Äußerung ggf. aufgestauter Emotionen während der Behandlung der Erzählung bzw. der Epoche der Romantik. Nach den genannten Aspekten, die auf jeden Fall <u>sachlich</u> geäußert werden sollten, folgt eine Fundierung. Diese ist zweigeteilt. Einerseits werden die Schülerinnen und Schüler mit den schärfsten Kritikern der Romantiker, Goethe und Heine, konfrontiert, andererseits erfolgt der Blick auf heutige kritische Stimmen. Die Texte von Goethe und Heine (**Arbeitsblätter 27** und **28**, S. 108 f.) werden in Partnerarbeit bearbeitet: Ein Partner ist für Goethe, der andere für Heine zuständig. Nachdem die Arbeitsaufträge erledigt worden sind, können die Ergebnisse ausgetauscht und miteinander in Beziehung gesetzt werden.

Heine:

■ *Einzelarbeit:*
  • *Geben Sie die Kritik Heines mit eigenen Worten wieder.*
  • *Analysieren Sie seine Wortwahl: Wie vermittelt er seine Kritik?*

■ *Austausch mit dem Partner:*
  • *Vergleichen Sie Goethes Ansatz mit dem Heines.*

Goethe:

■ *Einzelarbeit:*
  ● *Geben Sie die Kritik Goethes mit eigenen Worten wieder.*
  ● *Analysieren Sie seine Wortwahl: Wie vermittelt er seine Kritik?*

■ *Austausch mit dem Partner:*
  ● *Vergleichen Sie Goethes Ansatz mit dem Heines.*

Heine stellt fest, dass man im Laufe der Zeit nach einer anderen Sprache gesucht hat, um mehr als das rein Objektive auszudrücken. Eine neue Sprache findet man bei den Romantikern vor. Dieser Sprache fehlen jedoch die Klarheit und die Strukturiertheit. Stattdessen dominiert bei den Romantikern ein buntes Potpourri. Sie bedienen sich vergangener Epochen (Ritterromantik, christliche Bezüge), um ihren Werken den entsprechenden Nachdruck zu verleihen, dabei findet Heine dies unzeitgemäß. Romantik hat schon immer auf „dem Altar der Poesie" existiert. Das, was die Dichter als Romantik ausgeben, ist in Wahrheit überholt. Die politischen Verhältnisse haben sich geändert und auch der Dichter ist ein frei schaffender Künstler. Er hat es nicht nötig, sich in Gefühlsduselei zu verirren („kein schmachtendes Nönnchen, und kein ahnenstolzes Ritterfräulein").

Die Kritik Goethes am Romantischen bezieht sich auf folgende Aspekte: Unnatürlichkeit, Künstlichkeit, Willkür, Übertreibung, fehlende Mäßigung, kein Bezug zur Realität, bloße Vortäuschung von Wirklichkeit durch die Fantasie, Mangel an Gehalt, Konzentration auf den äußeren Schein, mangelnder Ernst und fehlende Größe, (Zugeständnisse an den Geschmack der unreifen und zügellosen Jugend) → Fazit: Ablehnung des Romantischen als künstlerisch wertlos und moralisch bedenklich.

Beide Autoren betonen die Künstlichkeit und den Mangel an Gehalt. Während Heine die Romantiker eher aus der politischen Richtung verurteilt, konzentriert sich Goethe auf die Umsetzung der romantischen Idee.

Die Endergebnisse werden dann ins Plenum getragen. Um die Urteile auch visuell einander gegenüberzustellen, sollten die wichtigsten Aspekte in einem Tafelbild aufgegriffen werden.

Zeitgenossen urteilen über die Romantik

Goethe

● Sprache ist unnatürlich, künstlich
● Hang zur Übertreibung
● kein Bezug zur Realität
● Vortäuschung der Wirklichkeit (Fantasie)
● mangelnder Ernst, fehlende Größe

↓

künstlerisch wertlos und moralisch bedenklich

Heine

● neue Sprache ohne Struktur
● buntes Potpourri von Fantastischem
● Rückbezug auf das Mittelalter ist unzeitgemäß
● fehlende Anpassung an die politischen Verhältnisse
● Verirrung in Gefühlsduselei

↓

wahre Romantik existiert schon immer und bedeutet die Freiheit der dichterischen Muse

Künstlichkeit, Mangel an Gehalt

5.2.2   Heutige Auseinandersetzung mit dem Ideengut der Romantiker

Vertiefend sollen sich die Schülerinnen und Schüler anschließend mit einem zeitgemäßen Urteil (vgl. **Arbeitsblatt 29**, S. 110) auseinandersetzen.

■ *Geben Sie die Hauptaussagen des Zeitungsartikels mit eigenen Worten wieder.*

Der Artikel wendet sich gegen die Versachlichungstendenz der Moderne. Indem die Romantiker eigene Wirklichkeiten schaffen, können auch heute die „Zwänge der Moderne" ertragen werden. Romantiker sehen beides: die Realität und die dahinterstehende Wirklichkeit. Durch die romantische Bewegung haben sich die Deutschen erst der Moderne zugewandt („Programm der Entgrenzung"). Man sollte also vorsichtig sein mit einem vorschnellen Urteil, indem man die Epoche als eine Zeit der „Geistesverwirrung" abstempelt.

Im Anschluss daran sollen die Hauptaspekte im Unterrichtsgespräch aufgegriffen und kurz an der Tafel mitnotiert werden.

Ein Blick der Moderne auf die Romantiker

Die Romantiker …

● schufen eigene Wirklichkeiten und verarbeiteten so die Neuerungen der Moderne.

● sahen beides: die Realität und das Hintergründige. Es stand nicht nur die Sache im Mittelpunkt.

● wandten sich durch ihr Programm der Moderne zu.

Da es wichtig ist, dass die Schülerinnen und Schüler auch eine eigene Position einnehmen, sollen sie sich in Partnerarbeit mit den vorliegenden Aussagen auseinandersetzen.

■ *Prüfen Sie die Einzelaussagen auf ihre Glaubwürdigkeit und entwickeln Sie Ihren eigenen Standpunkt. Arbeiten Sie Ihren Standpunkt schriftlich aus.*

Ausgewählte Arbeiten können anschließend im Plenum vorgestellt werden.
Alternativ oder ergänzend bietet sich als Abschluss eine Rede aus heutiger Sicht auf die Romantik an. Dabei müssen die Schülerinnen und Schüler nicht nur ihre Gedanken strukturieren (vgl. **Arbeitsblatt 30**, S. 111 f.), sondern sie müssen auch die zuvor behandelten Inhalte für ihre Belange kritisch sichten und auswählen.

■ *Gestalten Sie eine Rede aus heutiger Sicht auf die Epoche der Romantik, die am 26.11., dem Todestag Eichendorffs, gehalten werden soll. Orientieren Sie sich an den Tipps für die Gestaltung einer Rede.*

Ein weiterer vertiefender Text findet sich im **Zusatzmaterial 4** (S. 117 ff.).

Eine Rezension verfassen

■ *Sie haben sich nun ausführlich mit der Erzählung „Das Marmorbild" auseinandergesetzt. Verfassen Sie jetzt eine Rezension. Achten Sie dabei auf Inhalt und Aufbau Ihrer kritischen Stellungnahme.*

Eine Rezension (lat. *recensio* = Musterung) ist eine kritische Beurteilung und Besprechung einer Schrift oder Theateraufführung durch einen Rezensenten in einer Zeitung oder Zeitschrift anhand eines Besprechungsstückes.[1]

Dabei ist diese Beurteilung ganz strikt von einer Inhaltsangabe zu trennen. Sie soll die Eigenarten eines Werkes hervorheben, sodass der Leser eine Entscheidungshilfe bekommt, ob er das Buch oder die Theateraufführung lesen/sehen will. Der Rezensent sollte sein Urteil mit sachlichen Argumenten stützen, sodass sein Urteil nachvollziehbar ist.

---

[1] Vgl. Gero von Wilpert: Sachwörterbuch der Literatur, 7., verbesserte und erweiterte Auflage, Stuttgart: Körner, 1989, S. 769.

So sollte eine Rezension aufgebaut sein:

- Einführungssatz mit Hinweis auf die Art der Rezension, den Autor, das Werk und das Erscheinungsjahr
- kurze Inhaltswiedergabe zur Orientierung
- Benennen thematischer Schwerpunkte des Werkes
- Stellungnahme zur Konzeption mit Begründung (Was hat überzeugt, was erschien weniger gut?)
- Diskussion der Aktualität bei älteren Werken

Heinrich Heines Kritik an der Romantik

Die Romantik

> *Was Ohnmacht nicht begreift, sind Träumereien.*
> *A. W. v. Schlegel*

[...] Ich will daher mit wenigen Worten, ohne polemische Ausfälle, und ganz unbefangen, meine subjektiven Ansichten über Romantik und romantische Form hier mitteilen.

5 Im Altertum, das heißt eigentlich bei Griechen und Römern, war die Sinnlichkeit vorherrschend. Die Menschen lebten meist in äußern Anschauungen, und ihre Poesie hatte vorzugsweise das Äußere, das Objektive, zum Zweck und zugleich zum Mittel der 10 Verherrlichung. Als aber ein schöneres und milderes Licht im Orient aufleuchtete, als die Menschen anfingen zu ahnen, dass es noch etwas Besseres gibt als Sinnenrausch, als die unüberschwenglich beseligende Idee des Christentums, die Liebe, die Gemüter 15 zu durchschauern begann: da wollten auch die Menschen diese geheimen Schauer, diese unendliche Wehmut und zugleich unendliche Wollust mit Worten aussprechen, und besingen. Vergebens suchte man nun durch die alten Bilder und Worte die neuen 20 Gefühle zu bezeichnen. Es mussten jetzt neue Bilder und neue Worte erdacht werden, und just solche, die, durch eine geheime, sympathetische[1] Verwandtschaft mit jenen neuen Gefühlen, diese Letztern zu jeder Zeit im Gemüte erwecken und gleichsam her- 25 aufbeschwören konnten. So entstand die sogenannte romantische Poesie, die in ihrem schönsten Lichte im Mittelalter aufblühete, späterhin vom kalten Hauch der Kriegs- und Glaubensstürme traurig dahinwelkte, und in neuerer Zeit wieder lieblich aus 30 dem deutschen Boden aufsprosste und ihre herrlichsten Blumen entfaltete. Es ist wahr, die Bilder der Romantik sollten mehr erwecken als bezeichnen. Aber nie und nimmermehr ist dasjenige die wahre Romantik, was so viele dafür ausgeben; nämlich: ein Ge- 35 mengsel von spanischem Schmelz, schottischen Nebeln und italienischem Geklinge, verworrene und

---

[1] mitfühlend

verschwimmende Bilder, die gleichsam aus einer Zauberlaterne ausgegossen werden, und durch buntes Farbenspiel und frappante[2] Beleuchtung seltsam das Gemüt erregen und ergötzen. Wahrlich, die Bilder, 40 wodurch jene romantischen Gefühle erregt werden sollen, dürfen ebenso klar und und mit ebenso bestimmten Umrissen gezeichnet sein, als die Bilder der plastischen Poesie. Diese romantischen Bilder sollen an und für sich schon ergötzlich sein; sie sind die 45 kostbaren, goldenen Schlüssel, womit, wie alte Märchen sagen, die hübschen, verzauberten Feengärten aufgeschlossen werden. [...]

Viele aber, die bemerkt haben, welchen ungeheuren Einfluss das Christentum, und in dessen Folge das 50 Rittertum, auf die romantische Poesie ausgeübt haben, vermeinen nun beides in ihren Dichtungen einmischen zu müssen, um denselben den Charakter der Romantik aufzudrücken. Doch glaube ich, Christentum und Rittertum waren nur Mittel, um der Roman- 55 tik Eingang zu verschaffen; die Flamme derselben leuchtet schon längst auf dem Altar unserer Poesie; kein Priester braucht noch geweihtes Öl hinzuzugießen, und kein Ritter braucht mehr bei ihr die Waffenwacht zu halten. Deutschland ist jetzt frei; kein 60 Pfaffe vermag mehr die deutschen Geister einzukerkern; kein adeliger Herrscherling vermag mehr die deutschen Leiber zur Fron zu peitschen, und deshalb soll auch die deutsche Muse wieder ein freies, blühendes, unaffektiertes, ehrlich deutsches Mädchen 65 sein, und kein schmachtendes Nönnchen, und kein ahnenstolzes Ritterfräulein.

Möchten doch viele diese Ansicht teilen! Dann gäbe es bald keinen Streit mehr zwischen Romantikern und Plastikern[3]. Doch mancher Lorbeer muss welken, 70 ehe wieder das Ölblatt auf unserm Parnassus[4] hervorgrünt.

Heines erste Prosaarbeit, veröffentlicht im „Rheinisch-westphälischen Anzeiger. Kunst und Wissenschaftsblatt" 1820, Nr. 31 (18. August 1820)

---

[2] schlagend, treffend, überraschend
[3] Bildhauern
[4] Musenberg, Reich der Dichtkunst

■ *Einzelarbeit:*
  ● *Geben Sie die Kritik Heines mit eigenen Worten wieder.*
  ● *Analysieren Sie seine Wortwahl: Wie vermittelt er seine Kritik?*

■ *Austausch mit dem Partner:*
  ● *Vergleichen Sie Goethes Ansatz mit dem Heines.*

Johann Wolfgang von Goethes Kritik an der romantischen Idee

Johann Wolfgang von Goethe: Das Antike und das Romantische (1808)

Das Romantische ist kein Natürliches, Ursprüngliches, sondern ein Gemachtes, ein Gesuchtes, Gesteigertes, Übertriebenes, Bizarres, bis ins Fratzenhafte und Karikaturartige. Kommt vor wie ein
5 Redoutenwesen[1], eine Maskerade, grelle Lichterbeleuchtung. Ist humoristisch […] oder wird es augenblicklich, sobald der Verstand sich daranmacht, sonst ist es absurd und fantastisch. Das Antike ist noch bedingt (wahrscheinlich, menschlich), das Moderne
10 willkürlich, unmöglich.

Das antike Magische und Zauberische hat Stil, das moderne nicht. Das antike Magische ist Natur, menschlich betrachtet, das moderne dagegen ein bloß Gedachtes, Fantastisches.

15 Das Antike ist nüchtern, modest[2], gemäßigt, das Moderne ganz zügellos, betrunken. Das Antike erscheint nur idealisiertes Reales, ein mit Großheit (Stil) und Geschmack behandeltes Reales; das Romantische ein Unwirkliches, Unmögliches, dem durch die Fantasie
20 nur ein Schein des Wirklichen gegeben wird.

Das Antike ist plastisch, wahr und reell; das Romantische täuschend wie die Bilder einer Zauberlaterne, wie ein prismatisches Farbenbild, wie die atmosphärischen Farben. Nämlich eine ganz gemeine Unterlage erhält durch die romantische Behandlung einen 25 seltsamen wunderbaren Anstrich, wo der Anstrich eben alles ist und die Unterlage nichts.

Das Romantische grenzt ans Komische […], das Antike ans Ernste und Würdige. Das Romantische, wo es in der Großheit an das Antike grenzt […], hat wohl 30 auch Stil, d. h. eine gewisse Großheit in der Behandlung, aber keinen Geschmack. Die sogenannte romantische Poesie zieht besonders unsere jungen Leute an, weil sie der Willkür, der Sinnlichkeit, dem Hange nach Ungebundenheit, kurz der Neigung der 35 Jugend schmeichelt. Mit Gewalt setzt man alles durch. Seinem Gegner bietet man Trotz. Die Weiber werden angebetet: Alles wie es die Jugend macht.

Aus: „Gespräche mit Goethe in den letzten Jahren seines Lebens" von Johann Peter Eckermann, in: Hans Egon Haas (Hg.): Die Deutsche Literatur, Band V/2, München: C.H. Beck, 1967, S. 85

---

[1] Maskenball
[2] bescheiden, maßvoll

■ *Einzelarbeit:*
  • *Geben Sie die Kritik Goethes mit eigenen Worten wieder.*
  • *Analysieren Sie seine Wortwahl: Wie vermittelt er seine Kritik?*

■ *Austausch mit dem Partner:*
  • *Vergleichen Sie Goethes Ansatz mit dem Heines.*

Die Romantiker im Urteil der Moderne

Eckhard Fuhr: Romantiker sind Realisten

Romantiker gelten heute meistens als unmodern. Wir sind doch alle nüchtern, realistisch und pragmatisch. Für Romantiker ist die Realität jedoch ein Ansporn, eigene Wirklichkeiten zu schaffen – künstlerisch, phi-
5 losophisch und auch politisch. Aber wie sieht diese Wirklichkeit eigentlich aus?
Heute vor 150 Jahren starb Joseph von Eichendorff. Die Romantik als kulturgeschichtliche Epoche hatte er um etwa 30 Jahre überlebt. Als ein großer Unzeitgemäßer
10 ragte er in eine Ära der industriellen und nationalstaatlichen Umwälzung Europas hinein. Doch wie kaum ein anderer Dichter der Romantik beförderte er die Popularisierung des Romantischen, was allerdings nicht möglich gewesen wäre ohne die Musik. Eichendorffs
15 Gedichte kamen in den Vertonungen etwa Friedrich Silchers, vor allem aber Robert Schumanns unters Volk. Man muss nur einige der Gedichtanfänge zitieren, um ein sprachlich-melodisches Bild von dem zu erzeugen, was bis heute gemeinhin als „romantisch" gilt: In
20 einem kühlen Grunde, da geht ein Mühlenrad; O Täler weit, o Höhen, o schöner grüner Wald; Wer hat dich, du schöner Wald, aufgebaut so hoch da droben; Es war, als hätt der Himmel die Erde still geküsst.
Was fangen wir mit diesem romantischen Erbe an, das
25 den einen als harmloses Hausmittel gegen allfällige Modernisierungsschmerzen gilt, den anderen aber als ein gefährlicher Suchtstoff, dessen Gebrauch zur „Zerstörung der Vernunft" führt, und von dem die Deutschen mehr als andere Völker Europas abhängig wurden mit
30 all den Folgen, die in der Katastrophengeschichte des 20. Jahrhunderts abzulesen sind? Ist es nicht so, dass im günstigsten Fall das Romantische und seine Trivialisierung im Schlager, im Massentourismus oder in der Werbung den Menschen hilft, die technischen und
35 ökonomischen Zwänge der Moderne zu ertragen, im schlimmsten Falle aber zum mörderischen Aufstand gegen Aufklärung und Zivilität anstachelt? Sollten wir also der Romantik als künstlerisch überaus fruchtbarer Epoche den ihr gebührenden Ehrenplatz in den Mu-
40 seen und Bibliotheken einräumen, dem Romantischen als einer Geisteshaltung aber abschwören, weil es eigentlich eine Geistesverwirrung ist? Die Antwort scheint längst gegeben zu sein. Welcher Politiker, Wirtschaftsführer oder Leitartikler möchte heute schon als
45 Romantiker gelten? Wir sind doch alle nüchtern, rea-

listisch und pragmatisch. Wir sehen der Wirklichkeit ins Auge. Wir machen uns nichts vor.
Aber was ist die Wirklichkeit eigentlich? Je größer die Datenmengen werden, die wir über sie sammeln, desto unübersichtlicher wird sie. Die Realisten tappen im 50 Dunkeln. Die Romantiker aber kannten und kennen sich im Dunkeln aus. Für sie ist die Realität ein Ansporn, eigene Wirklichkeiten zu schaffen – künstlerisch, philosophisch und auch politisch. Oft ist schwer auszumachen, ob das Romantische reaktionär oder 55 revolutionär ist. Die Nazarener versuchten, wie Raffael zu malen, aber Caspar David Friedrich malte wie niemand zuvor, ja er hat die Malerei neu erfunden. Die romantischen Dichter rebellierten gegen den klassischen Kanon und erfanden eine angeblich den Tie- 60 fen der Geschichte entströmende Volkspoesie. Die politischen Romantiker, zu denen durchaus auch ein Freiherr vom Stein zu rechnen ist, deuteten gegen Napoleon das Programm der Französischen Revolution in eine – gerade erst aus den Archiven „erfundene", 65 auf das Mittelalter zurückgeführte – Tradition „deutscher" Freiheit um. Davon ist uns bis heute nicht nur die kommunale Selbstverwaltung geblieben. Dass dabei der Universalismus auf der Strecke geblieben sei, kann man bezweifeln. Er wurde im 19. Jahrhundert 70 überall in nationale Mythologie übersetzt.
Mit der Romantik haben sich die Deutschen von der Moderne nicht abgewandt. Sie war ihr Zugang zu ihr. Sie war ein Programm der Entgrenzung und Öffnung, nicht der Abschottung. 75
Als „deutsche Affäre" bezeichnet Rüdiger Safranski die Romantik. Der Erfolg seines im Sommer erschienenen Buches zeigt, dass diese Affäre für die Deutschen nicht abgeschlossen ist. Sie haben sich und der Welt mehr zu bieten als die eilfertige Unterordnung 80 unter den angeblich unausweichlichen Zwang der Standortlogik, der Effizienz, der Optimierung. Das romantische Wunderkind Novalis fand die Formel für eine Geisteshaltung, die dem, was angeblich ist, nicht auf den Leim geht: „Indem ich dem Gemeinen 85 einen hohen Sinn, dem Gewöhnlichen ein geheimnisvolles Ansehen, dem Bekannten die Würde des Unbekannten, dem Endlichen einen unendlichen Schein gebe, so romantisiere ich es." Wer sich daran hält, wird die Rede von den angeblichen Sachzwän- 90 gen mit dem Lächeln romantischer Ironie ertragen.

In: DIE WELT, 26.11.2007

■ *Geben Sie die Hauptaussagen des Artikels mit eigenen Worten wieder.*

■ *Prüfen Sie die Einzelaussagen auf ihre Glaubwürdigkeit und entwickeln Sie Ihren eigenen Standpunkt. Arbeiten Sie Ihren Standpunkt schriftlich aus.*

Tipps für die Ausarbeitung einer Rede

1. Die Fünf-Satz-Regel

„Eine gute Rede hat einen guten Anfang und ein gutes Ende – und beide sollten möglichst dicht beieinander liegen." (Mark Twain)

Die Gliederung einer Rede ist besonders wichtig. Nur mit der richtigen Gliederung können Sie den Zuhörer zum Ziel führen.

Berücksichtigen Sie die sogenannte Fünf-Satz-Regel:

- Verwenden Sie einen aufmerksamkeitsfördernden Einstieg.
- Überlegen Sie sich einen Schluss-Satz, der die Zuhörer zu einer Handlung, Meinungsänderung auffordert.
- Bringen Sie die drei wichtigsten Argumente in folgender Reihenfolge – jeweils aus Sicht des Zuhörers: das zweitwichtigste Argument zuerst, dann das schwächste Argument und kurz vor dem Ende das stärkste Argument.

Der französische Schriftsteller Antoine de Saint-Exupéry hat einmal gesagt: „Ein Text ist nicht dann vollkommen, wenn man nichts mehr hinzufügen kann, sondern dann, wenn man nichts mehr weglassen kann."

„Wer so spricht, dass er verstanden wird, spricht gut." (Molière)

2. Verständlichkeit und Nutzen

Sie-Standpunkt
Passen Sie Ihre Rede dem Publikum an! Die besten Argumente nützen nichts, wenn Sie am Interesse des Publikums vorbeizielen. Schwelgen Sie deshalb nicht in Ich-Formulierungen, sondern stellen den Zuhörer in den Mittelpunkt Ihrer Ausführungen.

Beantworten Sie sich folgende Fragen: Welche Interessen, Motivation und Voraussetzungen bringt das Auditorium mit? Und vor allem: Welchen Nutzen kann der Gesprächspartner aus meinem Wissen ziehen?

Verständlichkeit
Fordern Sie Ihre Zuhörer nicht heraus! Halten Sie eine Rede nicht nach dem Motto „Das Publikum muss sich nur etwas Mühe geben, dann wird es die Qualität meines Vortrages schon erkennen".

Schachtelsätze vermeiden
Wenn Sie so reden, wie Sie schreiben, überfordern Sie jeden Zuhörer. Einen geschriebenen Text kann ich zweimal lesen, ich kann zurückblättern und Pausen einlegen. Bei einer Rede geht das nicht. Vermeiden Sie also langatmige Formulierungen und Schachtelsätze, sprechen Sie in kurzen, knappen, klaren Hauptsätzen. Um etwas mehr Lebendigkeit in die Ausführungen zu bringen, können Sie auf zwei kurze knappe Hauptsätze einen längeren Satz folgen lassen.

3. Der richtige Einsatz von Hilfsmitteln

„Der gute Redner wird Vergleiche anwenden und Beispiele vorbringen." (Cicero)

Medien wie Overheadprojektor und Flipchart lockern Ihren Vortrag auf. Setzen Sie die technischen Hilfsmittel aber gut dosiert ein. Sie müssen nicht mit einer Mappe voller Folien aufwarten, um das Gesagte verdeutlichen zu können.

Vergleiche nutzen
Benutzen Sie Vergleiche, etwa: „Sie strahlt wie der junge Morgen." „Der Beamte schoss hoch wie eine Rakete."

Bildhafte Ausdrücke verwenden
Verwenden Sie bildhafte Aussprüche wie „Der Hecht im Karpfenteich" oder „Da hat dir aber jemand einen Floh ins Ohr gesetzt".

Stilblüten benutzen
Nutzen Sie Stilblüten. Beispielsweise las ich einmal in einer regionalen Zeitung: „Die Köpfe von Brandt, Genscher und Kohl sind neben bereits bewährten Horrormasken neu im Angebot des Coburger Faschingsmaskenherstellers Krautwurst aufgenommen."

Auf Contratechnik setzen
Setzen Sie auf die Contratechnik – zum Beispiel „Sie kennen sicherlich die Rennschnecke aus der Unendlichen Geschichte von Michael Ende."

4. Die richtige Pausentechnik finden

„Sie sprach so viel, dass ihre Zuhörer davon heiser wurden." (Kurt Tucholsky)

Sprechen Sie langsam! Pausen und Wiederholungen sind wichtig. Auch wenn Sie meinen, dass alles gesagt ist – glauben Sie nicht, dass auch alles verstanden wurde. Wenn Sie einem Punkt Ihrer Ausführung besonderes Gewicht verleihen wollen, so formulieren Sie beispielsweise: „Nur durch Ihre Mitarbeit – Ihre engagierte Mitarbeit – werden wir unsere Ziele erreichen."

Lieber langsam, als zu schnell
Die Pausentechnik hilft, das richtige Tempo zu finden. Normalerweise reden wir auf dem Satzzeichen. Das bedeutet, dass wir atmen, während wir das Satzzeichen auslassen. Sie können Atem- und Pausentech-nik üben, indem Sie mit einer zusammengerollten Zeitung den Takt zu Ihrem Sprechrhythmus an der Tischkante klopfen. Dieses Training führt dazu, dass Sie deutlich langsamer sprechen. Wenn Sie das Gefühl haben, dass Sie zu langsam sprechen, haben Sie für den Zuhörer genau das richtige Redetempo gefunden.

Günter Seipp: Tipps für die Ausarbeitung einer Rede (www.zitate-portal.com)
Quelle: http://www.focus.de/karriere/management/rhetorik/tid-282/aufbau-einer-rede_aid_5441.html, Zugriff: 22.12.2009

AB 3

BS 5

Bild-Text-Vergleich: Abtei im Eichwald

Caspar David Friedrich: Abtei im Eichwald (1808/10)

Der Dichter Theodor Körner (1791–1813) ließ sich vom Gemälde „Abtei im Eichwald" zu einem Gedicht anregen:

1.
Die Erde schweigt mit tiefem, tiefem Trauern,
Vom leisen Geisterhauch der Nacht umflüstert;
Horch, wie der Sturm in alten Eichen knistert;
Und heulend braust um die verfallnen Mauern.

5 Auf Gräbern liegt, als wollt er ewig dauern,
Ein tiefer Schnee, der Erde still verschwistert,
Und finstrer Nebel, der die Nacht umdüstert,
Umarmt die Welt mit kalten Todesschauern.

Es blickt der Silbermond in bleichem Zittern
10 Mit stiller Wehmut durch die öden Fenster; –
Auch seiner Strahlen sanftes Licht verglüht! –

Und leis und langsam durch des Kirchhofs Gittern,
Still wie das Wandern nächtlicher Gespenster
Ein Leichenzug mit Geisterschritten zieht.

2.
15 Und plötzlich hör' ich süße Harmonien,
Wie Gottes Wort, in Töne ausgegossen,
Und Licht, als wie dem Kruzifix entsprossen,
Und meines Sternes Schimmer seh' ich glühen;

Da wird mir's klar in jenen Melodien:
20 Der Quell der Gnade ist in Tod geflossen,
Und jene sind der Seligkeit Genossen,
Die durch das Grab zum ew'gen Lichte ziehen. –

So mögen wir das Werk des Künstlers schauen.
Ihn führte herrlich zu dem schönsten Ziele
25 Der holden Musen süße, heil'ge Gunst.

Hier darf ich kühn dem eignen Herzen trauen:
Nicht kalt bewundern soll ich, – nein, ich fühle,
Und im Gefühl vollendet sich die Kunst.

Aus: Theodor Körner's Sämmtliche Werke in einem Band, Leipzig o.J., Reclam Verlag, S. 96

■ *Beschreiben Sie das vorliegende Bild und erläutern Sie typische romantische Motive.*
Beurteilen Sie Körners dichterische Umsetzung.

Zwei Liebesgedichte im Vergleich

Clemens Brentano:
Der Spinnerin Nachtlied (1818)

Es sang vor langen Jahren
Wohl auch die Nachtigall,
Das war wohl süßer Schall,
Da wir zusammen waren.

5 Ich sing' und kann nicht weinen,
Und spinne so allein
Den Faden klar und rein
So lang der Mond wird scheinen.

Als wir zusammen waren
10 Da sang die Nachtigall
Nun mahnet mich ihr Schall
Dass du von mir gefahren.

So oft der Mond mag scheinen,
Denk' ich wohl dein allein.
15 Mein Herz ist klar und rein,
Gott wolle uns vereinen.

Seit du von mir gefahren,
Singt stets die Nachtigall,
Ich denk' bei ihrem Schall,
20 Wie wir zusammen waren.

Gott wolle uns vereinen
Hier spinn' ich so allein,
Der Mond scheint klar und rein,
Ich sing' und möchte weinen.

Aus: Clemens Brentano. Ausgewählt von Bernd Jentzsch.
Berlin: Neues Leben 1972

Marie-Luise Kaschnitz:
Einer von zweien (1962)

In meinem Gedächtnis wohnst du
Mein Leib ist dein Haus
Mir aus den Augen siehst du den Frühling
Noch immer die rote Kastanie.

5 Auf dem Fluss jedes Tages
Kommst du geschwommen
Steigst mit jeder Sonne
Mir über den Hügel.
Hände hab ich
10 Zehn Finger und flinke Füße
Näher kommst du
Ich fasse dich nicht.

Ihr sollt in mir sehen
Einen von zweien
15 Und hinter meinen Worten
Unruhig horchen
Auf die andere Stimme.

Ihr sollt sehen wie meine Wunde
Zu glühen beginnt
20 Wenn die Welle kommt
Der Muschelgeruch der Häfen
Wenn im Buchenwald unsichtbar
Maisingen die Vögel.

Aus: M.L. Kaschnitz: Überallnie. Ausgewählte Gedichte 1928–1965. © 1965
Claassen Verlag in der Ullstein Buchverlag GmbH, Berlin

◼ *Vergleichen Sie die vorliegenden Gedichte. Gehen Sie dabei auf die Überschrift, die Kernaussage, die inhaltliche Umsetzung sowie sprachliche Auffälligkeiten ein.*

◼ *Erläutern Sie, inwieweit sich die Verarbeitung des Liebesthemas im Laufe von ca. 140 Jahren verändert hat.*

Zugriff auf „Das Marmorbild" mittels Sprachexperri-menten

■ *Wählen Sie sich aus den vorliegenden drei Möglichkeiten eine aus.*

Möglichkeit 1: Eine Wörterwolke entschlüsseln

Wörterwolken werden von einem Computerprogramm erstellt. Die häufigsten Wörter eines Textes werden in einem zufälligen Wortbild wiedergegeben. Je häufiger ein Wort vorkommt, desto größer wird es dargestellt.

■ *In der vorliegenden Wörterwolke sind die ersten 23 Seiten der Lektüre berücksichtigt. Unter-suchen Sie die Abbildung und überlegen Sie, ob bzw. inwiefern hier die Hauptthemen „sicht-bar" werden.*

Möglichkeit 2: Ein Haiku schreiben

Ein Haiku ist eine traditionelle japanische Gedichtform, die einem strengen System unterliegt. Es besteht aus drei Verszeilen und versucht, ein Gefühl und/oder Bild wiederzugeben. Dabei besteht der erste Vers aus fünf Silben, der zweite aus sieben Silben und der dritte wieder aus fünf Silben. Vom zweiten zum dritten Vers findet oft eine über-raschende Wende (Verallgemeinerung) statt.

Beispiel:
Auf dem Kunstmarkt –
ein Portraitmaler zeichnet
mein zweites Gesicht

(Andrea D'Alessandro)

■ *Konzipieren Sie ein Haiku, in welchem Sie Ihren unmittelbaren wichtigsten Eindruck der Lektüre spiegeln.*

Zeile 1 (fünf Silben): _____

Zeile 2 (sieben Silben): _____

Zeile 3 (fünf Silben): _____

Möglichkeit 3: Ein Akrostichon konzipieren

Bei einem Achrostichon ergibt der jeweils erste Buchstabe einer Zeile ein eigenes Wort (senkrecht gelesen). Im Mittelalter galt es u. a. als stilistische Möglichkeit der indirekten Nennung des Autors oder des Auftraggebers.

■ *Konzipieren Sie ein Akrostichon (auch in Gedichtform möglich). Legen Sie zunächst das Wort oder den Satz fest, das der senkrecht zu lesen sein soll. Achten Sie darauf, dass dies in Bezug auf „Das Marmorbild" Ihren stärksten thematischen Leseeindruck wiedergibt. Ergänzen Sie anschließend die waagerechten Zeilen.*

Akrostichon
↓

_____

_____

_____

_____

_____

Aktuelle Kritik an der Romantik

Helga Zepp-LaRouche: Von der blauen Blume der Romantik zum Kult der Hässlichkeit heute

Es ist ein Symptom für die grundlegende Zerstörung der Allgemeinbildung, dass heute fast niemand mehr weiß, was „romantisch" bedeutet, oder was die Romantik war und wie sie zerstörerisch in die Kultur
5 unserer Zeit hineinwirkt. Die gängigen Vorstellungen reichen von unbedarften Klischees eines „Abendessens zu zweit bei Kerzenschein" bis zum „Sonnenuntergang am Meer", also mehr oder weniger die Idee, dass der Begriff „romantisch" etwa bedeutungs-
10 gleich sei mit „gefühlsbetont". Einige der sich schon informierter dünkenden Zeitgenossen werden an dieser Stelle empört protestieren und behaupten, die Romantik habe doch über die Klassik hinaus Entscheidendes für die Ausbildung der Individualität
15 geleistet, ebenso wie für die Entwicklung des modernen Nationalstaates. Der Zweck dieses Aufsatzes ist es, mit diesen Mythologien aufzuräumen.

Jeder, dessen Seele nicht völlig verschrumpelt und verdorrt ist, weiß und sieht mit Entsetzen, dass unse-
20 re globale Zivilisation am Ende ist. Dass all das, was wir als die Grundpfeiler einer stabilen Weltordnung angenommen hatten, sich als morsch erweist und versinkt: „Globalisierung", „freie Marktwirtschaft", „Demokratie und Menschenrechte" (vor allem in
25 Amerika) usw. Stattdessen erleben wir ein „neues 14. Jahrhundert in Afrika", wo die Pest durch die AIDS-Seuche ersetzt ist, eine globale Gesundheitskatastrophe, wobei BSE und antibiotikaresistente Infektionen nur die Spitze des Eisbergs darstellen. Die schmerz-
30 liche Erkenntnis der „Spaßgesellschaft", dass der „Neue Markt" nur eine große Einbildung war, den es in Wirklichkeit niemals gegeben hat, die Tatsache, dass wir am Beginn einer globalen Depression stehen, die in ihren Konsequenzen schlimmer zu werden
35 droht, als die der 30er-Jahre, der Alptraum, dass in den Köpfen unserer Kinder und Jugendlichen Prozesse ablaufen, an denen die Erwachsenen nicht den geringsten Anteil mehr haben und der sich in dem beängstigenden Phänomen „Jugendgewalt" und
40 „Killerkids" ausdrückt – man könnte diese Liste noch um viele dramatische Elemente verlängern. [...]
In der sogenannten Gegenkultur sind die morbiden Fantasien der Romantik zum Exzess gesteigert, ob es sich um die geschmacklose Produktwerbung gewisser
45 Textilienhersteller handelt oder um die nekrophilen Pop-Videospots von Eros Ramazotti. Und dass die Vox Populi nach *Big Brother*, bei dem die „absoluten Niemande" in all ihrer exhibitionistischen Blödheit eine riesige Fangemeinde entwickeln, noch an Ni-

veau verlieren kann, ist nur schwer vorstellbar. Die 50 schon jetzt erreichte Banalität und Scheußlichkeit in der zeitgenössischen „Kultur" bietet auf jeden Fall keinen Schutzschild gegen einen Absturz in ein neues finsteres Zeitalter, das noch brutaler als das 14. Jahrhundert werden könnte. 55

Was ist hier schiefgelaufen? Wie konnte es passieren, dass der „Kult der Hässlichkeit" solche Formen annehmen konnte? In diesem Aufsatz möchte ich die These belegen, dass der Angriff der Romantiker auf die Weimarer Klassik mehr zu dem kulturellen Verfall 60 bis heute beigetragen hat als irgend ein anderer Einfluss. Warum? Weil die Romantiker ganz gezielt vorgingen, um die hohen Ideale der Klassik zu zerstören und falsche Ideen in Umlauf brachten, die den politischen Absichten der Oligarchie von der Heili- 65 gen Allianz bis zur heutigen Finanzoligarchie bestens entgegenkamen. [...]

Es war nur folgerichtig, dass, nachdem die vorher unanfechtbare Bedeutung der Schönheit für die Kunst nun einmal angegriffen war, auch die Forde- 70 rung nach universeller Wahrheit in der Kunst nicht länger akzeptabel war. Schiller hatte in der Kritik an *Matthissons Gedichten* einen sehr klaren Standard für den Dichter oder Künstler definiert. Wegen der großen Wirkung seines Werkes müsse der Dichter, ehe 75 er es überhaupt wagen dürfe, sein Publikum zu rühren, „zuvor das Individuum in sich ausgelöscht und zur Gattung gesteigert haben", d. h. der Dichter müsse sich zumindest für den Augenblick, in dem er dichtet, zu einem idealischen Menschen veredelt haben. 80 Nur dann, wenn er im Moment der Dichtung als *Mensch überhaupt* empfindet, „ist er gewiss, dass die ganze Gattung ihm nachempfinden werde". Und um sich überhaupt Dichter nennen zu dürfen, müsse er sich auch der Wirkung auf sein Publikum gewiss sein, 85 sonst verdiene er diesen Namen nicht. Zugleich aber müsse diese Wirkung im Publikum frei und ohne jeden Zwang erfolgen. Alle diese Bedingungen können aber nur zugleich erfüllt werden, wenn nicht nur der Dichter sich zur Gattung gesteigert hat, sondern 90 wenn auch sein Gegenstand universell wahr ist. Schiller schreibt:

„Von jedem Dichterwerke werden also folgende zwei Eigenschaften unnachlässlich gefordert: erstlich: *notwendige Beziehung auf seinen Gegenstand (objektive Wahrheit);* 95 zweitens: *notwendige Beziehung dieses Gegenstandes, oder doch der Schilderung desselben, auf das Empfindungsvermögen (subjektive Allgemeinheit). In einem Gedicht muss alles* wahre Natur *sein, denn die Einbildungskraft gehorcht keinem anderen Gesetze und erträgt keinen ande- 100 ren Zwang, als den die Natur der Dinge ihr vorschreibt; in*

4

einem Gedicht darf aber nichts wirkliche *(historische)* Natur *sein, denn alle Wirklichkeit ist mehr oder weniger Beschränkung jener allgemeinen Naturwahrheit. Jeder indi-*
105 *viduelle Mensch ist gerade um so viel weniger Mensch, als er individuell ist; jede Empfindung ist gerade um so viel weniger notwendig und rein menschlich, als sie einem bestimmten Subjekt eigentümlich ist. Nur im Wegwerfen des Zufälligen und in dem reinen Ausdruck des Notwendigen*
110 *liegt der* große Stil." (Herv.d.Verf.)

Eben dieser Forderung nach universeller Wahrheit des Gegenstandes der Dichtung setzten die Romantiker die Theorie des Unbewussten als einer Realität entgegen. Für die Romantiker ist, wie später für Freud,
115 das Genie nur derjenige, der mit „Fantasie" neue Möglichkeiten schafft, die harte Wirklichkeit mit weichen Schonungen abzufedern und mit gesteigerten Tagträumen zu verdrängen.

Kunst als stimulierende Droge oder milde Narkose:
120 Das ist genau das Gegenteil des klassischen Ideals, das Schiller so großartig im Gedicht *Die Künstler* ausgedrückt hat: „Nur durch das Morgentor der Schönheit drangst du in der Erkenntnis Land." Hier ist die Kunst der Weg, die kognitiven Fähigkeiten zu entwickeln
125 und das Individuum zu veredeln, bei den Romantikern ist sie das Sich-Gehenlassen, wohin auch immer eine mehr oder weniger krankhafte Fantasie den Menschen ziehen mag.

Während es Friedrich Schlegels unrühmlicher Beitrag
130 gewesen war, der Theorie des Hässlichen in der Ästhetik den Boden zu bereiten, ging die Verherrlichung des Unbewussten, des Träumerischen mehr auf das Konto von Novalis und Tieck, zu dem sich dann später das offen Morbide bei E.T.A. Hoffmann gesellen
135 sollte. Die Schriften der Romantiker selbst werden zwar glücklicherweise schon seit langem nicht mehr gelesen – doch leider werden ihre Machwerke in immer neuen Versionen kopiert, ohne dass sich das Publikum jenes Ursprunges noch bewusst wäre. Wer
140 hätte je den völlig misslungenen Romanversuch *Lucinde* gelesen, mit dem Friedrich Schlegel vergeblich versuchte, Goethes *Wilhelm Meister* zu beantworten? In Novalis' unvollendet gebliebenem Roman *Heinrich von Ofterdingen*, in dem er die Sehnsucht nach der
145 „blauen Blume" darzustellen versucht, die zum Inbegriff der romantischen Sehnsucht überhaupt werden sollte, vermischen sich Geschehen, Träume, Märchen, Gegenwart, Zukunft und Vergangenheit in einer solchen Weise, dass es nicht mehr wirklich ge-
150 lingt, die verschiedenen Ebenen der Geschichte deutlich auseinanderzuhalten. Dies ist von Novalis offenbar intendiert. In gewisser Weise erinnert es an die Technik heutiger Pop-Videospots, bei denen sich beständig die Perspektive ändert, Fokus sich in Un-
155 schärfe verliert und schon alleine durch diese Aufnahmetechnik ein quasi psychedelischer Effekt erzeugt wird. [...]

Überhaupt bieten die Schauerromane und Fantasiegeburten der Romantiker nicht nur ein gefundenes Fressen für die Psychoanalyse und die Psychiatrie, 160 diese Disziplinen sind gewissermaßen die bewussten Nachschöpfungen der Romantik. So drückt z.B. Freud in seiner Abhandlung über *Das Unheimliche* sein großes Interesse an Hoffmanns Erzählung *Der Sandmann* aus und stellt fest, dass die Wirkung des Un- 165 heimlichen in dieser Geschichte gerade davon ausgeht, dass Schein und Wirklichkeit nicht zu unterscheiden sind. Bei dieser Erzählung geht es im Übrigen um eine abstruse Fantasie, in der der Student Nathanael, geplagt von Alpträumen aus der Kindheit, 170 durch eine besondere Brille die Außenwelt anders wahrnimmt als alle anderen und zu einer schizophrenen Deutung des Geschehens gelangt. In dem Augenblick verwandelt sich seine bezaubernde Geliebte Olimpia in eine hässliche Puppe, das totenblei- 175 che Wachsgesicht hat statt Augen nur schwarze Höhlen, die Gestalt ist zerstückelt und die Augen liegen herausgerissen am Boden.

Mit nur graduellen Unterschieden geht es bei Novalis, Tieck und Hoffmann eigentlich immer um die Dekom- 180 position einer offensichtlich nicht so heilen Welt, Abgründe tun sich auf, die „Nachtseite" der menschlichen Psyche kommt zum Vorschein. Diese Aspekte der menschlichen Seele gibt es natürlich, das Problematische ist aber, dass sie hier nicht als psychische Defekte 185 behandelt werden, die von der geistigen Gesundheit abweichen, sondern dass umgekehrt die Wirklichkeit als das Irreale und Fragile hingestellt wird. Während die Klassik und vor allem natürlich Schiller verlangt, dass der Mensch „größer als sein Schicksal" ist, ist bei 190 den Romantikern das Schicksal nichts anderes als ihr eigener sich entfaltender Charakter. Schiller verlangt, dass der Mensch seine nicht vollkommenen Gefühle erzieht, bis er sich völlig darauf verlassen kann, dass sie mit der Vernunft übereinstimmen, d.h. der Mensch ist 195 dazu aufgerufen, seine Probleme zu überwinden, anstatt sich darin zu suhlen. [...]

Wenn schöne Kunst frei macht und die kognitiven Fähigkeiten stärkt, dann macht hässliche und ekelhafte „Kunst" den Menschen unfrei, zum Sklaven 200 und zur Bestie. Wie gesagt, ist all dies den römischen imperialen Methoden nachgeahmt.

Schon Lessing wies auf den nachhaltigen Effekt des Gräulichen hin. Er schrieb: „Weder das Vergnügen der Nachahmung noch der Freude an der mit der 205 Abbildung verknüpften, erfüllten Wissbegierde, können die Wirkung der Hässlichkeit mildern oder aufheben. Wir können lediglich von der Hässlichkeit abstrahieren und dennoch an der Kunst des Malers sowie an der Befriedigung unserer Wissbegierde Ver- 210 gnügen empfinden. Doch dieses Vergnügen ist *momentan*, und die Hässlichkeit wirkt nachher umso stärker."

Darin liegt genau das Problem. Genau wie die klas-
215 sische schöne Kunst eine Kraft erzeugt, die bleibt, so
ist die Wirkung des Hässlichen nachhaltig. Lessing
stellt dabei im Zusammenhang mit der Untersuchung
der Unterschiede der Wirkung des Hässlichen in Poesie und Malerei fest: „Die unschädliche Hässlichkeit
220 wird folgerichtig nicht für lange lächerlich bleiben,
die unangenehme Empfindung gewinnt die Oberhand, und was im ersten Moment komisch war, wird
in der Folge nur abscheulich. Nicht anders ist es mit
der schädlichen Hässlichkeit: Das Furchtbare verliert
225 sich Schritt für Schritt und das Deformierte bleibt
allein und unveränderbar zurück."
Dies ist genau der zerstörerische Effekt des „schädlichen Hässlichen", vor allem, wenn es in der Form
der unaufhörlichen Berieselung mit Gewalt und
Hässlichkeit in den Medien verbunden ist: Es lässt 230
deformierte Persönlichkeiten und unwiderrufbar zer-
störte Charaktere zurück.
Um zu der Frage „Finsteres Zeitalter oder Renaissance" zurückzukommen, so ist die Antwort offensichtlich: Nur wenn es gelingt, eine wirklich in die 235
Breite wirkende Bewegung aufzubauen, die den Ro-
mantizismus in all seinen degenerierten Formen ab-
lehnt und wieder die Kohärenz von Schönheit, Wahrheit und Vernunft akzeptiert, wieder in einer
klassischen Weise zu denken lernt, kann eine neue 240
Renaissance eingeleitet werden.
Schönheit ist die notwendige Bedingung der Mensch-
heit. Also lassen Sie uns Schönheit schaffen!

Aus: *Ibykus* Zeitschrift für Poesie, Wissenschaft und Staatskunst. Nr. 74 (1/2001)

■ *Arbeiten Sie die Hauptaussagen des Textes heraus und beurteilen Sie diese kritisch.*

5

Klausurvorschläge

Klausur 1: Die romantische Idee (Textauseinandersetzung, Stellungnahme)

1. *Stellen Sie die romantische Idee auch mithilfe von Text 1 dar.*

2. *Arbeiten Sie die Hauptaussagen aus Text 2 heraus und setzen Sie sich kritisch mit dieser Position auseinander.*

Text 1: Caspar David Friedrich:

„Nicht die treue Darstellung von Luft, Wasser, Felsen und Bäumen ist die Aufgabe des Bildners, sondern seine Seele, seine Empfindung soll sich darin widerspiegeln. Den Geist der Natur erkennen und mit ganzem Herzen und Gemüt durchdringen und aufnehmen und wiedergeben ist die Aufgabe eines Kunstwerkes."

Zit. nach: Werner Hofmann: Caspar David Friedrich. Naturwirklichkeit und Kunstwahrheit, München: C.H. Beck, 2000, S. 269 f.

Text 2: Über den Maler Caspar David Friedrich:

„Zweifellos verkörpern seine Gemälde eine ganze Reihe von Geschmäckern, Überzeugungen und Haltungen, die man gemeinhin mit jener historischen Bewegung verbindet, die deutsche Romantik genannt wird: eine gesteigerte Empfindsamkeit gegenüber der Natur im Verbund mit der Überzeugung, die Natur entspreche der menschlichen Seele; eine Leidenschaft für das Zweideutige, Unbestimmte, das Obskure und das weit Entfernte (in Nebel gehüllte Dinge; ein fernes Feuer in der Dunkelheit, Berge in inniger Verschmelzung mit Wolken); eine Feier der Subjektivität, die an Solipsismus[1] grenzt, oft von einem morbiden Verlangen danach begleitet, das Ich möge sich in den verschiedenen Unendlichkeiten der Natur verlieren; eine Vernarrtheit in den Tod; die Bevorzugung der Nacht gegenüber dem Tag, die eine Reaktion gegen die Aufklärung und den Rationalismus emblematisiert[2]; ein verschwommener, aber alles durchdringender Mystizismus[3]; und eine melancholische, sentimentale Sehnsucht oder Nostalgie, die an Kitsch grenzen kann."

Aus: Joseph Leo Koerner: Caspar David Friedrich: Landschaft und Subjekt, München 1998, S. 29

---

[1] erkenntnistheoretischer Standpunkt, der nur das eigene Ich mit seinen Bewusstseinsinhalten als das einzig Wirkliche gelten lässt und alle anderen Ichs mit der ganzen Außenwelt nur als dessen Vorstellungen annimmt
[2] versinnbildlicht
[3] Wunderglaube, schwärmerischer Gedanke

Klausur 2: Florios Verführung durch die Venus (Textanalyse, Stellungnahme)

Textbasis: Textausgabe, S. 16, Z. 20 bis S. 18, Z. 32 („Er ergriff die Gitarre …" bis … „als Florio an ihm vorüberstreifte")

1. *Ordnen Sie die vorliegende Textstelle in den Erzählkontext ein. Erläutern Sie anschließend ihre Funktion innerhalb der Entwicklung Florios.*

2. *Der schlafende Diener auf der Schwelle (vgl. S. 16, Z. 23 f.) wird in vielen Interpretationen symbolisch als Florios Gewissen verstanden. Was bedeutet dies für das Verständnis dieser Textstelle?*

Prüfen Sie die Berechtigung dieses Deutungsansatzes, indem Sie
a) eine Deutung der Textstelle vornehmen
und
b) anschließend die Berechtigung dieser Interpretation diskutieren.

Klausur 3: Die Psychologie in der Novelle (Erörterung)

1. Erläutern Sie mithilfe des vorliegenden Materials (vgl. Anhang der Textausgabe „Das Unbewusste – Bezüge zu Sigmund Freud", S. 78–80), was Freud unter „Ich", „Es" und „Über-Ich" versteht.

2. In einer aktuellen Interpretation liest man:
„Zwar ist Fortunato nicht Florios Vater, doch kommt ihm – viel mehr noch als dem Diener – im Freud'schen Persönlichkeitsmodell die Funktion des ‚Über-Ich' zu. [...] Als Gegenspielerin Fortunatos stellt Venus ganz entsprechend das ‚Es' mit seinen Triebansprüchen dar." (Joseph von Eichendorff: Das Marmorbild, interpretiert von Martin Brück. Freising: Stark-Verlag, 2008, S. 50)

Diskutieren Sie die Stichhaltigkeit dieser Aussage und finden Sie zu einer eigenen, begründeten Position.

Klausur 4: Der Gottesbegriff der Novelle (Textanalyse, Erörterung)

Rüdiger Safranski schreibt in seinem neuen Sachbuch ‚Romantik. Eine deutsche Affäre' über Eichendorff: „Nicht alle Romantiker hatten dieses fast kindliche Gottvertrauen. Das ist das Besondere bei Eichendorff. Mit seinem Gott ist er seit der Kindheit bekannt geblieben, es ist der Gott seiner heimatlichen Wälder, kein Gott der Spekulation und Philosophie. Es ist ein Gott, den man nicht zu erfinden braucht, man kann ihn wiederfinden, wenn man den Träumen seiner Kindheit die Treue hält. [...] Er war wirklich ein frommer Mensch." (Aus: Rüdiger Safranski: Romantik. Eine deutsche Affäre, Frankfurt a.M.: S. Fischer-Verlag, 2009, S. 212–218)

1. Arbeiten Sie aus der Novelle die „Begegnungen" mit Gott heraus. Erläutern Sie in diesem Zusammenhang die Rolle des Glaubens.

2. Erörtern Sie, ob bzw. inwiefern Eichendorff sein Gottesbild in die Novelle „Das Marmorbild" hat einfließen lassen.

Klausur 5: Das Sirenenmotiv (Textanalyse, Text- bzw. Motivvergleich)

1. Analysieren und interpretieren Sie den vorliegenden Textauszug unter Berücksichtigung epochentypischer Merkmale bzw. Motive. (Achtung: Der kursiv gedruckte Text ist nicht Gegenstand der Analyse/Interpretation. Er dient zur Herstellung des Textverständnisses.)

2. Erläutern Sie, welche Rolle und Funktion der Venus in Eichendorffs „Das Marmorbild" (1817) zukommt. Vergleichen Sie Ihre Ergebnisse mit der Verarbeitung des Venusstoffes im vorliegenden Textauszug.

Joseph von Eichendorff: Aus dem Leben eines Taugenichts (Auszug), 1826

Ein Müller schickt seinen Sohn, den er Taugenichts nennt, in die weite Welt hinaus, da ihm dieser zu Hause die ganze Arbeit allein überlässt. Der Sohn nimmt seine Geige und verlässt sein Dorf, ohne ein Ziel vor Augen zu haben. Schon bald hält neben ihm ein Reisewagen, in dem zwei Damen sitzen, die Gefallen an seiner Musik finden. Sie nehmen ihn mit auf ihr Schloss, nahe Wien, wo er sofort als Gärtnerbursche eingestellt wird. Bald verliebt er sich in die jüngere der beiden Damen. Von der Herrschaft wird er wegen seiner besonderen Verdienste und seines guten Auftretens als Zolleinnehmer eingesetzt. Den Garten des Zollhäuschens befreit er von Kartoffeln, um dort Blumen anzupflanzen, die er regelmäßig seiner Angebeteten zukommen lässt. Er beschließt, das Reisen aufzugeben und Geld zu sparen, um es zu etwas Großem zu bringen, und freundet sich mit dem Portier des Schlosses an. Als er jedoch eines Tages seine „allerschönste Frau" mit einem Offizier auf einem Balkon sieht, packt er seine Sachen und verlässt das Schloss, da sie ihm jetzt völlig unerreichbar erscheint.

Als ich eine Strecke so fortgewandert war, sah ich rechts von der Straße einen sehr schönen Baumgarten, wo die Morgensonne so lustig zwischen den Stämmen und Wipfeln hindurchschimmerte, dass es
5 aussah, als wäre der Rasen mit goldenen Teppichen belegt. Da ich keinen Menschen erblickte, stieg ich über den niedrigen Gartenzaun und legte mich recht behaglich unter einem Apfelbaum ins Gras, denn von dem gestrigen Nachtlager auf dem Baume taten mir
10 noch alle Glieder weh. Da konnte man weit ins Land hinaussehen, und da es Sonntag war, so kamen bis aus der weitesten Ferne Glockenklänge über die stillen Felder herüber, und geputzte Landleute zogen überall zwischen Wiesen und Büschen nach der Kir-
15 che. Ich war recht fröhlich im Herzen, die Vögel sangen über mir im Baume, ich dachte an meine Mühle und an den Garten der schönen gnädigen Frau, und wie das alles nun so weit lag – bis ich zuletzt einschlummerte. Da träumte mir, als käme die schöne
20 Frau aus der prächtigen Gegend unten zu mir gegangen oder eigentlich langsam geflogen zwischen den Glockenklängen, mit langen weißen Schleiern, die im Morgenrote wehten. Dann war es wieder, als wären wir gar nicht in der Fremde, sondern bei meinem
25 Dorfe an der Mühle in den tiefen Schatten. Aber da war alles still und leer, wie wenn die Leute sonntags in der Kirche sind und nur der Orgelklang durch die Bäume herüberkommt, dass es mir recht im Herzen weh tat. Die schöne Frau aber war sehr gut und
30 freundlich, sie hielt mich an der Hand und ging mit mir und sang in einem fort in dieser Einsamkeit das schöne Lied, das sie damals immer frühmorgens am offenen Fenster zur Gitarre gesungen hat, und ich sah dabei ihr Bild in dem stillen Weiher, noch viel tau-
35 sendmal schöner, aber mit sonderbaren großen Augen, die mich so starr ansahen, dass ich mich beinahe gefürchtet hätte. – Da fing auf einmal die Mühle, erst in einzelnen langsamen Schlägen, dann immer schneller und heftiger an zu gehen und zu brausen,
40 der Weiher wurde dunkel und kräuselte sich, die schöne Frau wurde ganz bleich, und ihre Schleier wurden immer länger und flatterten entsetzlich in langen Spitzen wie Nebelstreifen hoch am Himmel empor; das Sausen nahm immer mehr zu, oft war es,
45 als bliese der Portier auf seinem Fagott dazwischen, bis ich endlich mit heftigem Herzklopfen aufwachte. Es hatte sich wirklich ein Wind erhoben, der leise über mir durch den Apfelbaum ging; aber was so

brauste und rumorte, war weder die Mühle noch der Portier, sondern derselbe Bauer, der mir vorhin den Weg nach Italien nicht zeigen wollte.
(Anfang 3. Kap., S. 29 f.)

Der Taugenichts wandert nun nach Italien und macht auf dem Weg dorthin Station in einem kleinen Dorf. Als er vor dem Wirtshaus sitzt, tauchen plötzlich zwei Reiter auf, die er für Räuber hält. Die beiden verlangen von ihm, sie zum Dorf B. zu führen, und geben sich dann als zwei Maler aus: Herr Leonhard und Herr Guido. Die drei setzen ihre Reise nach Italien gemeinsam fort und sind Tag und Nacht unterwegs. Einmal übernachten sie in einem Wirtshaus. Als der Taugenichts seine Begleiter am nächsten Tag wecken will, findet er nur ein leeres Zimmer vor, in dem ein voller Geldbeutel liegt, der für ihn bestimmt ist. Als der Postillon zur Weiterfahrt drängt, springt der Taugenichts allein in den Wagen. Die Fahrt geht weiter, bis sie ein Schloss erreichen, wo eine alte Frau und ein hagerer Mann den Jüngling empfangen. Dort wird er nach einem reichen Mahl in ein prächtiges Zimmer geführt und kann nun hier ein Leben führen, „wie sich's ein Mensch nur immer in der Welt wünschen kann". Eines Tages erhält er einen Brief von seiner „allerschönsten Frau" (Aurelie), die ihn bittet, wieder zu ihr zu kommen, da sie ohne ihn nicht mehr leben könne. Der junge Mann ist überglücklich und will wieder zurückkehren. Fluchtartig und ohne den Weg zu kennen verlässt er das Schloss.

Ich kam nun zuerst auf eine große, einsame Heide, auf der es so grau und still war wie im Grabe. Nur hin 50 und her stand ein altes verfallenes Gemäuer oder ein trockener wunderbar gewundener Strauch; manchmal schwirrten Nachtvögel durch die Luft, und mein eigener Schatten strich immerfort lang und dunkel in der Einsamkeit neben mir her. Sie sagen, dass hier 55 eine uralte Stadt und die Frau Venus begraben liegt und die alten Heiden zuweilen noch aus ihren Gräbern heraufsteigen und bei stiller Nacht über die Heide gehen und die Wanderer verwirren. Aber ich ging immer gerade fort und ließ mich nichts anfechten. 60 Denn die Stadt stieg immer deutlicher und prächtiger vor mir herauf, und die hohen Burgen und Tore und goldenen Kuppeln glänzten so herrlich im hellen Mondenschein, als ständen wirklich die Engel in goldnen Gewändern auf den Zinnen und sängen 65 durch die stille Nacht herüber. So zog ich denn endlich erst an kleinen Häusern vorbei, dann durch ein prächtiges Tor in die berühmte Stadt Rom hinein.
(Anfang 7. Kap., S. 63)

Aus: Joseph von Eichendorff: Aus dem Leben eines Taugenichts. Paderborn: Schöningh Verlag 2000, S. 29 f., 63

Klausur 6: Die Epoche der Romantik in der Diskussion (Analyse, Stellungnahme)

1. Geben Sie den Inhalt des Spiegel-Artikels mit eigenen Worten wieder.

2. Analysieren Sie Aufbau und verwendete Sprache.

3. Verfassen Sie einen Brief an die Autorinnen, indem Sie Stellung zu deren Sichtweise beziehen.

Susanne Beyer und Jana Hensel:
Die romantische Utopie

In einer von wirtschaftlichen Sorgen und Zukunfts-
angst geprägten Gegenwart arbeiten Werbung und
Kulturindustrie emsig an der Rekonstruktion des Romantischen: Von Liebe redeten die Menschen lange
5 Zeit nur ironisch – nun ist sie das Zauberwort der
Stunde.
Spaß und nichts als Spaß – das war die Droge der
Neunzigerjahre, damals, als die pure „Freude am Fahren" zum Autokauf verführen sollte und Verona Feld-
10 busch, die Frau mit dem „Blubb" im Spinat, zur
Traumfrau der Nation aufstieg. Die fröhlich-flachsin-
nige Konsumhaltung galt nicht zuletzt in Bezie-
hungsfragen als ultimatives Ideal. Hauptsache, man
war – irgendwie halt – gut drauf. Das romantische
15 Geständnis „Ich liebe dich" galt als uncool. Man
sprach es nur mit auf die Backen gemalten Anfüh-
rungszeichen aus, denn die ironische Distanz war
allgegenwärtig. Ironie wurde zum (Über-)Lebensmit-
tel einer gründlich entzauberten Welt – und zur all-
20 zeit imprägnierten Schutzschicht gegen Kränkungen
durch das wahre Leben.
Doch wo ist sie geblieben, die mehrdeutige, unüber-
sichtliche, kaltherzige Pseudo-Spaßwelt der Postmoderne? Zu Beginn des Jahres 2004 schwirren Seele
25 und Herz erwärmende Begriffe wie Liebe, Sehnsucht,
Unschuld und Natur durch Werbung und Zeitgeist-
magazine – und weggefegt scheint aller witziger Hin-
tersinn und jede Ironie. Eine neue Ernsthaftigkeit
macht sich breit – nicht nur in Politik und Wirtschaft,
30 sondern auch in Zeitgeist und Kultur. Das ausgiebig
beweinte Ende der „Harald Schmidt Show" mag da
als Menetekel gelten. Im kalten Wind der Stagnation
und angesichts der blutigen Realität von Anti-Terror-
Kampf und Irak-Krieg werden die Konsumenten der
35 globalisierten Welt wieder ganz schlicht mit dem sü-
ßen Ketchup des großen Gefühls gelockt: „Ich liebe
es", jauchzt es aus den Werbeanzeigen des amerika-
nischen Fast-Food-Konzerns McDonalds, „Aus Liebe
zum Automobil" bietet Volkswagen das allerneueste
40 Golf-Modell dem Kunden feil. […] Mit emotionalen
Kriterien preist Elke Heidenreich in ihrer ZDF-Sen-
dung „Lesen!" Bücher an, die dem Konsumenten als
Stimmungsaufheller und zum hemmungslosen Da-
hinschmachten dienen sollen. Geleitet von einem,

so die Entertainerin selbst, „sehr sentimentalen Ge- 45
schmack", empfiehlt Heidenreich schon mal Schmon-
zetten, etwa von Nuala O'Faolain, die prompt auf den
Bestsellerlisten landen. Heidenreichs zentraler Glau-
benssatz, der die herkömmliche Literaturkritik in
Schreckstarre versetzt, lautet: „Wir lesen, um mit un- 50
seren Gefühlen klarzukommen."
„Je poetischer, desto wahrer" – unter diesem Motto
in Anlehnung an den romantischen Dichter Novalis
präsentiert die just ins Geschäft zurückgekehrte Mo-
dedesignerin Jil Sander in ihrer ersten Kollektion 55
mehrlagigen Chiffon in zarten Pastelltönen und al-
lerlei andere Signale verträumter weiblicher Sinnlichkeit. Selbst die jüngste Parfumkampagne des ameri-
kanischen Designers Calvin Klein – in den Neunzigern
warb er mit der mageren Kate Moss – propagiert die 60
alltägliche Idylle: Während er schläft, träumt sie sich,
wie auf romantischen Gemälden mit einem in die
Ferne schweifenden Blick, in eine traute Heimelig-
keit, in der neben dem Kind sogar noch Platz für den
Hasen ist. Love, sweet love. Süße Liebe eben. Den 65
hippen Start-up-Unternehmern der Endneunziger
wäre dieses Leben als Inbegriff der Spießigkeit, Lan-
geweile und Verlogenheit vorgekommen, schienen
die schließlich in ihren Büros zu wohnen und endlos
Geld für Partys zu besitzen. Frau und Kind, ja die 70
ganze Wunderwelt der großen Gefühle, fanden da
kaum Platz – warum, das belegt nun eine gerade auf
Deutsch erschienene brillante Studie der israelischen
Soziologin Eva Illouz unter dem irreführenden Titel
„Der Konsum der Romantik" […]. Anhand zahl- 75
reicher Interviews zeigt die Wissenschaftlerin, dass
sich der Wunsch nach romantischer Liebe und die
Sehnsucht nach Intensität fast völlig verlagert hatte
aus der traditionellen Paarbeziehung in die meist
kurzlebige Affäre. [. .] 80
In den von Illouz gesammelten Liebesbildern entfällt
nicht bloß die tragische Erfahrung des sehnsüchtigen
Verlangens, die etwa Madame Bovary im Roman von
Gustave Flaubert erfüllte. In der Konsumkultur und
Medienwirklichkeit der Postmoderne fand die Liebe 85
auch, überirdisch stilisiert und „Pretty Woman"-haft
ins Hollywoodeske überhöht, fernab eines realen All-
tags statt. Nun aber scheint es, als dürfte das Motiv
der romantischen Liebe auch in der alltäglichen
Zweisamkeit wieder Einzug halten: Die romantische 90
Utopie ist nicht mehr nur Gegenstand von rausch-

haften Fluchten aus dem täglichen Trott, sie soll diesem selbst neuen Sinn und Glanz verleihen. [...] Selbst in den Kreativbüros wird das Leben offenbar
95 wieder lieblicher, sinnlicher und ein bisschen geheimnisvoller: Das verdeutlicht der gerade im Berliner Verlag Die Gestalten erschienene Bildband „Romantik". [...] Nun sehen die Herausgeber die Zeit gekommen für transzendentale Entrücktheit.
100 Nicht sehr viel anders war die gefühlte Weltlage, als vor fast genau 200 Jahren, um das Jahr 1800, eine junge Generation um die Schöngeister Novalis, Tieck und die Brüder Schlegel jene Geistesbewegung begründete, die Romantik genannt wird. Die Romanti-
105 ker wandten sich gegen den spröden Rationalismus der Spätaufklärung und gegen die in sich vollendete, beinahe erstarrte Formenwelt der Klassik. Sie inszenierten die Wiederverzauberung einer gründlich entzauberten Welt. Mit größter Empfindlichkeit reagier-
110 ten die Romantiker auf die Verstörungen ihrer Zeit, auf die Härten der beginnenden Industrialisierung. Sie waren enttäuscht vom Ausgang der Französischen Revolution, den uneingelösten Versprechen von Freiheit, Gleichheit und Brüderlichkeit. Sie flüchteten in
115 den Traum einer besseren Existenz, ins Universale, Unendliche, Elementare. All das entspricht durchaus den Sehnsüchten vieler heutiger Menschen: Die Hoffnung auf die Verheißungen der Globalisierung ist häufig der konkreten Angst um den eigenen Ar-
120 beitsplatz gewichen; im Gebälk des lange Zeit so bequemen Sozialstaats knarzt es bedenklich, und die Träume der New Economy sind schnöde zerplatzt. Da ist Romantik, im Kino melodramatisch aufbereitet, willkommener Seelenbalsam. Ob in Erfolgswerken wie „Lost in Translation" oder „Herr der Ringe" – oder 125 in „Cold Mountain", dem Eröffnungsfilm der Anfang Februar beginnenden Berlinale. Darin beschwört der Oscar-Preisträger Anthony Minghella („Der englische Patient") die Liebe als Überlebensmacht [...]. Handelt sich's bei all dem nun um bedenkliche Weltflucht, 130 um schnöden Eskapismus? Wie man enthemmte Gefühlsduselei und beherztes kritisches Engagement verbinden kann, zeigen noch am ehesten die Helden der Popwelt – besonders elegant die Stars des neuen französischen Chansons, Benjamin Biolay und Carla 135 Bruni. Auf ihrer CD „Quelqu'un m'a dit" („Mir hat jemand gesagt") fordert Bruni etwa mit hauchender Stimme Solidarität mit den Ausgestoßenen und Mittellosen: „Wir alle müssen von den Verantwortlichen ein Gesetz fordern, gegen all unsere Gleichgültigkeit, 140 damit niemand vergessen wird."
Auf ihre Weise reklamiert die stolze Diva die Vision einer besseren Welt; in einem romantischen Gefühlsüberschwang, der den Zusammenprall mit der Realität nicht scheut. Mitunter zimmert sich also auch der 145 fühlende Mensch politische Utopien – sozusagen aus Freude am Träumen.

Aus: SPIEGEL 43/2004, S. 126ff.